Dr. Markus Zizler

Martin Heidegger und seine Kritik am Transhumanismus

Wohin führt die technische Optimierung des Menschen?

Bibliografische Information der Deutschen Nationalbibliothek:

Die Deutsche Nationalbibliothek verzeichnet diese Publikation in der Deutschen Nationalbibliografie; detaillierte bibliografische Daten sind im Internet über http://dnb.d-nb.de abrufbar.

Impressum:

Copyright © Studylab 2019

Ein Imprint der Open Publishing GmbH, München

Druck und Bindung: Books on Demand GmbH, Norderstedt, Germany

Coverbild: Open Publishing GmbH | Freepik.com | Flaticon.com | ei8htz

Inhaltsverzeichnis

1 Einleitung 1

2 Transhumanismus 5

    2.1 Geschichtliche Entwicklung 5

    2.2 Arten des Transhumanismus 8

    2.3 Philosophische Grundlagen 10

    2.4 Aktuelle Kritik 16

    2.5 Technische Möglichkeiten 18

3 Zur Philosophie Martin Heideggers 21

4 Die Technikphilosophie in Heideggers Spätwerk 24

    4.1 Die Frage nach der Technik 24

    4.2 Heidegger und der Transhumanismus – Teil 1 29

    4.3 Über den Humanismus 32

    4.4 Heidegger und der Transhumanismus – Teil 2 35

    4.5 Gelassenheit 40

    4.6 Heidegger und der Transhumanismus – Teil 3 42

5 Sein und Zeit 45

    5.1 Überblick 46

    5.2 Weltlichkeit der Welt 47

    5.3 Heidegger und der Transhumanismus – Teil 4 50

    5.4 Befindlichkeit 57

    5.5 Heidegger und der Transhumanismus – Teil 5 59

    5.6 Sein zum Tode 62

    5.7 Heidegger und der Transhumanismus – Teil 6 64

6 Zusammenfassung der Ergebnisse 67

1 Einleitung

> Denn das Fragen ist die Frömmigkeit des Denkens.[1]

Die Philosophie Martin Heideggers ist im Lauf von knapp 100 Jahren ausführlich diskutiert und kritisiert worden. Sowohl inhaltlich mit seinen eigenwilligen Begriffsbildungen als auch und vor allem hinsichtlich seines Engagements für den Nationalsozialismus erscheinen viele Aspekte sowie Probleme erörtert und vorerst keiner weiteren Diskussion bedürftig. Die rasante kybernetische Entwicklung der letzten Jahrzehnte stellt jedoch neue Sichtweisen auf den Menschen in Aussicht, die das bisherige Menschenbild noch weiter hinterfragen und damit in der antihumanistischen Linie Heideggers liegen. Außerdem werden mit der Kybernetik metaphysische Konzeptionen fortgesetzt, die von Heidegger bereits zu Beginn der kybernetischen Entwicklung kritisiert wurden.

Daher war und ist es zunehmend vielversprechend, den philosophischen Überbau der aktuellen Kybernetik der Philosophie Heideggers gegenüberzustellen. Im speziellen soll jedoch nicht allein die Kritik Heideggers an der Kybernetik und dem zugrundeliegenden Wissenschaftsparadigma das Thema der vorliegenden Arbeit sein, sondern die größtenteils noch spekulativen Ideen über die zukünftige Anwendung der Kybernetik auf den Menschen selbst. Die Ideen von der Weiterentwicklung des Menschen hin zum Cyborg sind filmgeschichtlich bereits Realität geworden und scheinen nun auch in greifbarer Nähe der aktuellen wissenschaftlichen Entwicklung zu liegen. Sogar über den Cyborg hinaus gehen die Spekulationen hin zu einer menschlichen Maschine ohne biologische Grundlage mit einem lediglich menschlichen Bewusstsein. Spekulationen und Ideen dieser Art werden häufig mit dem Begriff des Transhumanismus in Verbindung gebracht und sind Auswüchse des fortgedachten und heute gültigen Wissenschaftsparadigmas. Dessen extremste Ausprägungen in seiner gegenwärtigen Form wirken wie die vorläufige Spitze von Heideggers Rede der *Seinsverlassenheit* bzw. *Seinsvergessenheit*. Heidegger kennzeichnet das moderne wissenschaftliche Denken als Ergebnis einer Entwicklung, die mit R. Descartes ihren Anfang genommen und zu einer Verengung des Denkens in eine bestimmte Richtung geführt hat. Das instrumentale Denken der Wissenschaft, vornehmlich der Naturwissenschaft, sieht Heidegger als zwar notwendige und auch wichtige Art des

---

[1] Heidegger, M., Die Technik und die Kehre, S.36.

Denkens, in seiner Absolutheit jedoch *wesent*lich als zu kurz gekommen an. So stellt er in seiner Spätphilosophie dem instrumentalen Denken ein *besinnliches* Denken gegenüber, um den *Ruf des Seins* wieder hörbar zu machen.

In der Tat wirkt das instrumentelle wissenschaftliche Denken an vielen Stellen eindimensional und lediglich auf einen bestimmten Typus von Phänomenen gerichtet. So wesentlich dieses Denken die Lebenswelt des Menschen verändert hat, die elementaren Fragen der menschlichen Existenz bleiben unbeantwortet, ja sogar nicht mehr sinnvoll zu stellen und daher insofern mehr denn je im Dunkeln. „Warum ist überhaupt Seiendes und nicht vielmehr Nichts?"[2] Damit bringt Heidegger einen Aspekt auf den Punkt, der sich mit der wissenschaftlichen Tradition kaum beantworten lässt, weil es nicht in ihren Gegenstandsbereich gehört. Wenn die moderne Physik vom Urknall als Anfang der Welt ausgeht, so ist dies nur eine Beschreibung des Ablaufs, aber keinesfalls eine Antwort auf die Frage nach dem Warum und dem Sinn der Welt. „Die Wissenschaft denkt nicht"[3] meint Heidegger und stellt damit ein anderes Denken in den Raum, um das Sein des Seienden, das Sein des Universums als All des Seienden und schließlich vielleicht auch das *Warum* und den *Sinn* in einer anderen Art denkbar zu machen. Naturgemäß muss im Verständnis Heideggers ein solches Denken *unwissenschaftlich* sein und ist dem Vorwurf der Beliebigkeit, ja sogar der Esoterik[4] ausgesetzt. Es bleibt die Frage, woraus sich eine derartige Erkenntnis speist und *wie* bzw. *ob* überhaupt damit gearbeitet werden kann. Auch aus diesem Grund erweist sich eine Gegenüberstellung des Transhumanismus und der Philosophie Heideggers in Früh- und Spätwerk als fruchtbar. Die Bedeutungen und der Sinngehalt des komplexen Begriffsapparates gewinnen dadurch ganz nebenbei mehr Kontur. In der Hauptsache jedoch ermöglicht die Philosophie Heideggers eine kritische Darstellung des Transhumanismus, die aus dieser Perspektive bisher noch nicht versucht wurde.

In einem ersten Schritt wird die Untersuchung in Kapitel 2 zunächst einen Blick auf den Transhumanismus in seiner gegenwärtigen Ausprägung werfen und die geschichtliche Entwicklung sowie die unterschiedlichen Strömungen, die unter diesem Begriff zusammengefasst sind, darstellen. Das Hauptaugenmerk liegt dabei nicht auf einer umfassenden Darstellung von Geschichte und Organisation,

---

[2] Heidegger, M., Was ist Metaphysik?, S.23.
[3] Heidegger, M., Was heißt Denken?, S.4.
[4] Vgl. Trawny, P., S.10 f..

sondern auf der Erarbeitung eines Überblicks über die transhumanistische Bewegung. Ausgehend davon und unter Zuhilfenahme der Begriffsdefinition nach M. More als einem führenden Vertreter des derzeitigen Transhumanismus, werden dann die philosophischen Grundlagen und die dahinterstehende, noch inhomogene Metaphysik herausgearbeitet, um sie in den folgenden Kapiteln einer Kritik aus der Perspektive Heideggers zuführen zu können. Neben der entscheidenden Darstellung transhumanistischer Charakteristika wird Kapitel 2 mit einem Einblick in die aktuelle Transhumanismus-Kritik und einer kurzen Evaluation der teils äußerst spekulativen technischen Visionen abgeschlossen.

Die entscheidende Voraussetzung für eine detaillierte Analyse ist ein Verständnis für die Terminologie Heideggers. Daher sollen die Termini erläutert, jedoch nur in Einzelfällen kritisch hinterfragt werden. In der Hauptsache geht es um die Perspektive, die Heidegger gegenüber dem Transhumanismus einnehmen würde. Eine Kritik am Werk Heideggers selbst wird an den Stellen mit einbezogen, die es im Rahmen der Kritik am Transhumanismus erforderlich erscheinen lassen. Dazu wird eine grobe Aufteilung vorgenommen in die Philosophie von *Sein und Zeit* und die eigentliche Technikphilosophie in Heideggers späterem Werk. Der Transhumanismus soll also nicht nur anhand der technikkritischen Spätphilosophie Heideggers geprüft, sondern auch auf sein eigentliches Hauptwerk hin reflektiert werden.

Nach ein paar kurzen Bemerkungen zu Heideggers Philosophie und Person insgesamt in Kapitel 3 wird als Ausgangspunkt der eigentlichen Kritik in Kapitel 4 zunächst *Die Frage nach der Technik* für die Analyse verwendet. Repräsentativ für die Spätphilosophie wird außerdem der *Brief über den Humanismus* und der Vortrag über die *Gelassenheit* hinzugezogen. An einzelnen Stellen werden dabei auch andere Werke der Spätphilosophie zur Verdeutlichung verwendet. Methodisch hat es sich als zweckmäßig erwiesen, zunächst die Grundgedanken der jeweiligen Werke herauszuarbeiten und im Anschluss die transhumanistischen Ideen eigens einer Kritik zu unterziehen. Parallel zu jedem Abschnitt über die jeweiligen Werke Heideggers gibt es daher einen eigenen Abschnitt, der speziell eine Kritik des Transhumanismus aus der jeweiligen Perspektive Heideggers beinhaltet.

Kapitel 5 setzt diese Methodik fort und kritisiert den Transhumanismus auf der Basis einzelner Themen von *Sein und Zeit*. Um die Untersuchung nicht zu sehr auszuweiten, werden *drei* Schlüsselaspekte aus dem Hauptwerk herausgegriffen und geprüft. Die Herauslösung einzelner Elemente aus einem Werk ist zwar mit

Bedacht zu vollziehen, doch der ohnehin schon unvollständige Charakter von *Sein und Zeit* lässt eine stückweise Verwendung nicht weiter problematisch erscheinen. Vor allem auch deswegen, weil das Werk selbst ohne Fertigstellung äußerst erfolgreich war und vielleicht gerade in seinen voneinander isolierten Teilen philosophiegeschichtlich großen Einfluss ausgeübt hat. Als erstes Element wird der Begriff der *Weltlichkeit* betrachtet und der transhumanistischen Welt entgegengesetzt, die in ihrer Subjektorientierung Gefahr läuft *weltlos* bzw. *weltarm* zu werden. Eine Verdeutlichung erfährt dies anhand des grundsätzlichen Gestimmt-seins des Menschen in der Welt, der *Befindlichkeit* des Daseins, welcher im Anschluss an die Weltlichkeitsanalyse ein eigener Abschnitt gewidmet ist. Zuletzt bringt der Aspekt des Daseins als *Sein zum Tode* vielversprechende Einsichten: Der Transhumanismus begreift den Tod als zu überwindendes Hindernis und nicht als ontologische Grunddimension der menschlichen Existenz. Davon ausgehend wird diskutiert, ob es ein Dasein ohne Endlichkeit *existieren* kann und ob ein unsterblicher Mensch überhaupt noch Dasein und nicht nur etwas Vorhandenes wäre. Eng verknüpft mit dem Projekt von *Sein und Zeit* ist die Frage nach der Zeitlichkeit der Welt, auf die zum Abschluss Bezug genommen wird. Zusammen mit Kapitel 4 ergibt sich damit eine Kritik des Transhumanismus in sechs Teilen.

Unabhängig von der Philosophie Heideggers drängt sich eine Vielzahl von Fragen im Schlepptau des Transhumanismus. An deren Spitze steht die Frage nach dem Wesen des Menschen. Transhumanistisch ist der Mensch in seiner gegenwärtigen Form ein Auslaufmodell, das im Rahmen der technischen Evolution durch etwas Besseres ersetzt werden wird. Die aktuelle Wissenschaft mag in dessen Realisierung an Grenzen stoßen, sie kann darin jedoch nur bedingt Anstoß nehmen, da es sich ihrem Wesen nach um die gleiche technische Denkstruktur handelt. Die Philosophie Martin Heideggers ermöglicht demgegenüber einen anderen Zugang zum Menschen. Das Ziel der vorliegenden Arbeit besteht entsprechend darin, anhand von Kernelementen aus Heideggers Früh- und Spätphilosophie ungeklärte Annahmen des Transhumanismus aufzuklären und dadurch einer fundierten Kritik zuzuführen.

2 Transhumanismus

> If you're tired of the ills of the flesh, then get rid of the flesh: we can do that now. If the universe isn't good enough for you, then remake it, from the ground up.[5]

Der Transhumanismus ist keine eindeutig definierte geistige Strömung, sondern besteht in mehreren Ausprägungen mit unterschiedlichen Schwerpunktsetzungen. Zum einen liegt dies in der Natur einer Bewegung, die noch am Anfang ihrer Entwicklung steht; zum anderen besitzt jede philosophische Strömung verschiedene Vertreter mit mehr oder weniger großen Differenzen. Dennoch ist ein Kernelement aller Richtungen auszumachen, nämlich die Verbesserung des Menschen mit technischen und wissenschaftlichen Mitteln. Das Ziel ist die Überwindung des gegenwärtigen Menschen hin auf einen zunächst trans- und schließlich posthumanen Zustand. So wird im Oxford Dictionary der Transhumanismus wie folgt definiert: „The belief or theory that the human race can evolve beyond its current physical and mental limitations, especially by means of science and technology."[6]

Über das Ziel des transhumanen Zustands hinaus wird es jedoch schwieriger, Überschneidungen aller Ausprägungen zu finden. Erstens ist unklar, welche Eigenschaften am Menschen verbessert werden sollen; zweitens sind die potenziellen technischen Mittel vielseitig und zum Teil zwar theoretisch anwendbar, aber in der Praxis noch unerforscht. Schließlich bleibt offen, wann der trans- und posthumane Zustand erreicht ist. Eine detaillierte Definition des Transhumanismus und deren Analyse wird in Abschnitt 2.3 über die philosophischen Grundlagen gegeben. Zunächst ist es aber sinnvoll, den historischen Verlauf der transhumanistischen Entwicklung zu skizzieren.

2.1 Geschichtliche Entwicklung

Transhumanistische Ideen im Sinne einer Verbesserung oder Ersetzung des Menschen lassen sich bereits auf die ersten Zeugnisse menschlicher Kultur zurückführen. So können etwa Rituale und Zeremonien der Urvölker zur individuellen und kollektiven Stärkung - etwa zum Schutz vor Umweltgefahren - als Urform transhumanistischer Gedanken angesehen werden. Konkretere Ideen zur

---

[5] Regis, E., S.7.
[6] Oxford Dictionary, Transhumanism.

Schaffung verbesserter und neuer Menschen haben sich z.B. materialisiert in Form des Golems als menschenähnlichem Wesen mit besonderer Kraft, des Homunculus als künstlich geschaffenem Menschen in der alchemistischen Theorie oder der mechanischen Androiden im 17. / 18. Jahrhundert.

Die Evolutionstheorie von Ch. Darwin in der Mitte des 19. Jahrhunderts hat nicht nur die Erkenntnis gebracht, dass alle Organismen und auch der Mensch durch Variation und natürliche Selektion entstanden sind, sondern in der Folge auch die Möglichkeit in Aussicht gestellt, dass der Mensch durch genetische Methoden weiterentwickelt werden kann. So waren in der ersten Hälfte des 20. Jahrhunderts eugenische Überlegungen in vielen Ländern verbreitet und wurden auch praktisch umgesetzt. J. Huxley (1887-1975), als einer zu jener Zeit bekannten Eugeniker, hat vor diesem Hintergrund den Begriff des Transhumanismus als einer der ersten[7] in den 1950er Jahren verwendet und definiert als: „man remaining man, but transcending himself, by realizing new possibilities of and for his human nature."[8] Damit hatte J. Huxley noch ein anderes Verständnis des Transhumanismus als es heute in seinen verschiedenen Formen der Fall ist: Der Mensch *bleibt* Mensch und realisiert darauf aufbauend neue Möglichkeiten. Die Zeit nach dem zweiten Weltkrieg hat jedoch weitere spektakuläre technische Errungenschaften und damit neue Möglichkeiten für eine transhumanistische Überschreitung des Menschen hervorgebracht. So haben in der zweiten Hälfte des 20. Jahrhunderts die Nutzbarmachung der Atomenergie, die Entwicklung der Raumfahrt, die Erfindung des modernen Computers oder die Fortschritte in der Biotechnologie den Boden bereitet für das größtenteils unbedingte Vertrauen in den (natur-) wissenschaftlichen Fortschritt.

Mit der Beschleunigung des technischen Fortschritts haben sich zunehmend transhumanistische Ideen entwickelt. Ein erster Grundstein des modernen Transhumanismus ist mit R. Ettingers Werk *Man into Superman* (1972) gelegt, worin mögliche technologische Verbesserungen des Menschen diskutiert werden. Ein weiterer Meilenstein in der Entwicklung des Transhumanismus ist das Werk *Engines of Creation* (1986, E. Drexler) im Bereich Nanotechnologie, welches die Umgestaltung der Materie mit Kleinst-Robotern in der Größenordnung von Nanometern thematisiert; mit dieser Technologie werden dem Menschen grenzenlose Möglichkeiten zur materiellen Transformation seiner Umwelt in

---

[7] Vgl. Harrison, Peter; Wolyniak, J., S. 465-467.
[8] Huxley, J., S.17.

Aussicht gestellt. Humanoide Roboter, die den nächsten Evolutionsschritt nach dem Menschen darstellen könnten, werden diskutiert in dem Buch *Mind Children* (1988, H.P. Moravec) aus dem Bereich Künstlicher Intelligenz und Robotik. *Are you a transhuman?* (1989, FM-2030) wartet schließlich auf mit einer ersten Darstellung transhumaner Eigenschaften.

Die bis dahin getrennt voneinander bestehenden Beiträge wurden Anfang der 1990er mit der Gründung der transhumanistischen Strömung der *Extropianer* konsolidiert.[9] Damit wurde dem Transhumanismus durch M. More und T. Morrow - neben einer detaillierten Definition - erstmals eine Organisation (*Extropy Institute*) zugeordnet und auf diese Weise eine Plattform für den transhumanistischen Gedankenaustausch geschaffen. Bereits in dieser Bewegung wird das elementare Merkmal des Transhumanismus ersichtlich: Die Verbesserung des Menschen und seiner Lebensbedingungen. Der Begriff Extropy ist eine Wortneuschöpfung und wird verwendet als Gegenbegriff zur Entropie, die ein Maß für die Zahl der Zustände eines thermodynamischen Systems darstellt. Anschaulich ist die Entropie ein Maß für die Unordnung. Die Extropianer wollen gewissermaßen der Unordnung im menschlichen System durch technische Entwicklung entgegenwirken.

Das Extropy Institute wurde 2006 geschlossen und von der *World Transhumanist Association (WTA)* als zentraler transhumanistischer Organisation abgelöst. Die WTA wurde bereits 1998 von N. Bostrom und D. Pearce gegründet und firmiert heute unter dem Namen *Humanity+*. Auch diese Organisation propagiert die Agenda der Veränderung des Menschen mit technischen und wissenschaftlichen Mitteln auf seine transhumane Form hin. Nichtsdestotrotz ist der Transhumanismus bis dato keine einheitliche Philosophie, sondern beinhaltet eine Vielzahl teils sehr unterschiedlicher Ausprägungen.

Von manchen Autoren wird der Transhumanismus auch als Posthumanismus bezeichnet, weil es erklärtes Ziel ist, den Menschen auf eine posthumane Form hin zu überwinden. Auch wenn dies eine sinnvolle Begriffsbildung ist, soll dem aus Gründen der Eindeutigkeit *nicht* gefolgt werden. Der Grund liegt darin, dass mit dem Posthumanismus auch eine weniger technisch geprägte Strömung in geisteswissenschaftlicher Tradition verbunden ist, die sich in erster Linie mit der Problematik vorhandener Menschenbilder auseinandersetzt und diese zu

---

[9] Vgl. Hughes, J., S.164.

dekonstruieren versucht. Zwar wird diese Strömung zunehmend auch vom technisch bedingten Veränderungspotenzial beeinflusst, weil sich nicht nur viele Vorstellungen vom Menschen als falsch erwiesen haben, sondern der Mensch auch in seiner körperlichen Form verändert werden könnte. Dennoch geht es hauptsächlich um die Frage, wer oder was der *Mensch* ganz grundsätzlich ist. Der Transhumanismus oder *technische* Posthumanismus glaubt hingegen relativ genau zu wissen, was der Mensch ist: Nämlich ein wissenschaftlich definierbarer Gegenstand, der durch technische Mittel verbessert werden soll und *muss*. Ausgehend von diesem Hintergrund soll im Folgenden der Begriff des Transhumanismus zunächst über seine verschiedenen Arten genauer eingegrenzt werden.

2.2 Arten des Transhumanismus

Im Grunde lassen sich so viele Transhumanismen angeben wie es technologisch unterschiedliche Arten von möglichen Verbesserungen der menschlichen Natur gibt. So spannt sich zwischen der evolutionär-eugenischen Weiterentwicklung bis hin zur Kolonialisierung des Universums mit menschlicher Computerintelligenz ein weites Gebiet transhumanistischer Szenarien. Die Spitze wird durch die *Singularitarier* um R. Kurzweil gebildet und stellt ihrerseits bereits eine Synthese von mehreren Techniken und transhumanistischen Visionen dar. Endgültiges Ziel der Singularitarier ist die Verschmelzung des menschlichen Geistes mit intelligenten Robotern und die Besiedlung des Universums mit (ursprünglich) menschlicher Intelligenz.

Darin sind bereits zwei Transhumanismen verarbeitet: Zum einen die Entwicklung von superintelligenten Maschinen im Rahmen der künstlichen Intelligenz und zum anderen die atomare Umgestaltung der Materie durch Nanotechnologie. Die Ablösung des Menschen durch intelligente Roboter wurde bereits von H. Moravec u.a. prognostiziert, die Entwicklung von molekülgroßen *Assemblern* zur beliebigen materiellen Analyse und Synthese durch E. Drexler in Aussicht gestellt. Kurzweil verwendet beide Ideen, indem er das menschliche Gehirn durch Nanoroboter analysieren und eine Kopie davon schließlich auf einem leistungsfähigen Computer implementieren will, um die jeweilige Person in einem Computer wiederauferstehen zu lassen, und zwar mit praktisch omnipotenten Fähigkeiten.

Die Voraussetzung dafür ist, dass die Kognitionswissenschaft ein ausreichend zuverlässiges Modell des menschlichen Bewusstseins bzw. der Funktionsweise des Gehirns entwickelt. Im Rahmen der Kognitionstheorie ist damit ein weiterer

Bereich für transhumanistische Spekulationen gegeben: Von der pharmakologischen Intelligenzsteigerung über kybernetische Gehirn-Computer-Schnittstellen bis hin zum *Mind Upload*, also der Übertragung des menschlichen Geistes auf einen Computer.

Da die genannten Technologien bisher noch spekulativ sind, greift Kurzweil in seinem speziellen Transhumanismus zunächst auf die Biotechnologie zurück, um den Menschen mit deren Hilfe zu optimieren. Darin ist vorerst auch das Hauptaktionsfeld des Transhumanismus zu sehen. Viele (Bio-)Technologien wie die Entschlüsselung des menschlichen Genoms oder die sog. *Genschere* sind verfügbar oder scheinen in greifbarer Nähe und könnten daher zahlreiche Wege zur Umgestaltung der menschlichen Natur sein. Auch hier eröffnen sich viele Möglichkeiten von der genetischen Therapie ererbter Krankheiten über Maßnahmen zur Lebensverlängerung hin zur körperlichen und mentalen Leistungssteigerung.

Kurzweil geht davon aus, dass die Entwicklung und Konvergenz unterschiedlicher Technologien zu einem speziellen Zeitpunkt, der als sog. *Singularität* bezeichnet wird, alles bisher bekannte exponentiell überschreiten und das Universum im Ganzen beeinflussen wird. Ein vergleichbares Szenario hat 1994 bereits der Extropianer und Physiker F. Tipler[10] vorgestellt. Es lassen sich also keine klar abgrenzbaren Strömungen im Transhumanismus festlegen, sondern höchstens unterschiedliche Schwerpunkte, die von Zeit zu Zeit variieren und sich technologisch überschneiden. Die Extropianer insgesamt sind weniger auf bestimmte Technologien oder Entwicklungspfade festgelegt, sondern definieren sich durch die von M. More Anfang der 1990er aufgestellten und relativ allgemein gehaltenen *Extropian Principles*[11]. Die Extropianer ähneln insofern organisatorisch den Transhumanisten, die sich in der *Transhumanist Declaration*[12] von Humanity+ wiederfinden. Ein wesentlicher Unterschied beider Richtungen liegt jedoch in der Berücksichtigung von politisch-sozialen Fragen des Transhumanismus bei Humanity+.

Die politisch-gesellschaftliche Dimension selbst kristallisiert weitere transhumanistische Positionen heraus: von einer rein technologischen Entwicklung

---

[10] Vgl. Tipler, F., Die Physik der Unsterblichkeit.
[11] Vgl. Hughes, J., S.166.
[12] Vgl. More, M., Vita-More (Hg.), N., S.14 f.

ohne Berücksichtigung sozial-politischer Belange – wie der Frage des gerechten Zugangs zu Technologien - bis hin zu staatlichen Beschränkungen von technologischem Enhancement aufgrund gesellschaftlicher Gefahren. Tendenziell stehen Transhumanisten staatlichen Eingriffen kritisch gegenüber; dennoch wurde 2004 von N. Bostrom und J. Hughes als führenden Transhumanisten das *Institute for Ethics and Emerging Technologies (IEET)* gegründet, um die sozialen und politischen Implikation des Human Enhancement besser zu verstehen und eventuelle Gefährdungen vermeiden zu können.

Weiterhin wäre es denkbar, den Transhumanismus danach zu klassifizieren, *was* am Menschen schwerpunktmäßig verbessert werden soll. Eine spezielle Richtung hat sich um A. De Grey in Bezug auf die Ausdehnung der Lebensspanne herausgebildet. De Grey versucht im Rahmen der *SENS*[13] *Research Foundation* den Beweis zu erbringen, dass der Mensch prinzipiell unbegrenzt mit medizinischen Mitteln erneuert werden kann und so ewiges Leben möglich wird. Nachdem die entsprechende Technologie noch nicht verfügbar ist, besteht die Option, den toten Körper - z.B. mit Hilfe der *Alcor Life Extension Foundation* - kryonisch einfrieren zu lassen, um ihn dann in der technologisch weiterentwickelten Zukunft eventuell wiederzubeleben. Neben der Ausdehnung der Lebensspanne lassen sich allgemeiner die Verbesserung emotionaler, intellektueller und weiterer physiologischer Fähigkeiten[14] auflisten.

Jenseits der unterschiedlichen technischen Ausprägungen besitzt der Transhumanismus ein durchaus homogenes philosophisches Fundament, jedoch weniger bewusst geformt, sondern vielmehr als unbewusster Ausfluss ontologischer Voraussetzungen der zugrundeliegenden Naturwissenschaften.

2.3 Philosophische Grundlagen

Als Ausgangspunkt für die Erarbeitung der philosophischen Grundlagen soll die erste moderne (1990) und kanonisch gewordene Definition des Transhumanismus durch M. More Verwendung finden:

---

[13] Strategies for Engineered Negligible Senescence.
[14] Vgl. Sorgner, S.L., *Transhumanismus - Die gefährlichste Idee der Welt!?*, S. 36-39.

Transhumanism is a class of philosophies of life that seek the continuation and acceleration of the evolution of intelligent life beyond its currently human form and human limitations by means of science and technology, guided by life-promoting principles and values. [15]

In dieser Definition wird nochmals dargelegt, dass mehrere Ansätze unter dem Begriff des Transhumanismus subsumiert werden können. Eine erste Gemeinsamkeit aller Richtungen liegt in der Anwendung des Evolutionsbegriffs. Angespielt wird damit auf die von Ch. Darwin postulierte biologische Evolution und deren Kernkonzept: *survival of the fittest*. Nach der Transhumanistin M.J.S. Leis soll damit aber keinem Sozialdarwinismus im Sinne H. Spencers Vorschub geleistet werden, sondern ein *Überleben des Angepasstesten* ausgedrückt sein. Optimal angepasst an seine Umwelt ist der Mensch vor allem aufgrund seiner technologischen Möglichkeiten, die es ihm erlauben auch in lebensfeindlichen Bereichen wie dem Weltraum zu überleben.[16] Dabei ist zu bemerken:

- Der Mensch passt sich mittlerweile weniger an die Umwelt an, als dass er umgekehrt die Umwelt nach seinen Bedürfnissen umgestaltet.
- Die biologische Evolution thematisiert nur indirekt die Entwicklung technischer Geräte, sondern die Veränderung des Organismus in Bezug auf Umwelteinflüsse.
- Angesichts libertärer Strömungen im Transhumanismus, welche dem freien Markt die Entwicklung der Technologien überlassen will, ist doch eher von einem Sozialdarwinismus auszugehen.

Der Begriff der Evolution wird transhumanistisch daher in einem größeren Kontext verwendet und auf unterschiedliche Phänomene angewendet. So sind künstliche, nicht-biologische Implantate genauso Teil der menschlichen Evolution wie gezielte genetische Veränderungen. Außerdem ist mancherorts von einer technischen Evolution die Rede, gerade so als ob nicht die Technik den Menschen begleitet, sondern umgekehrt der Mensch nur Wegbereiter intelligenter Technik wäre, die irgendwann in Form von Robotern Selbstbewusstsein erlangt und den Menschen in einer umfassend gedachten Evolution ablöst. Die Definition von M. More ist diesbezüglich zurückhaltender verfasst und sieht die Technologie lediglich als

---

[15] https://humanityplus.org/philosophy/philosophy-2/.
[16] Vgl. Leis, M.J.S., S.51.

Mittel, um intelligentes Leben über seine derzeitige menschliche Form hinaus zu entwickeln. Der verwendete Begriff der Evolution muss daher allgemeiner als nach oben gerichteter Prozess verstanden werden, der zu einer intellektuellen, physischen und psychischen Verbesserung[17] des Menschen führt.

Die psychische Verbesserung kann sich darin äußern, dass der trans- und posthumane Mensch bessere Kontrolle über seine geistigen Zustände hat, z.B. über Gefühle wie Liebe oder Hass[18], womit auch eine vermeintliche moralische Verbesserung des Menschen erreicht werden soll. Daraus wird ersichtlich, dass der Mensch nicht nur körperlich als technische Apparatur verstanden wird, sondern auch geistig und bis auf die Ebene der Gefühle manipuliert werden kann. Dieses mechanistische Denken geht zurück auf die Zeit der Entwicklung der neuzeitlichen Naturwissenschaft im 16. / 17. Jahrhundert und mündet heute in der Vorstellung vom Menschen als körperlicher Hardware mit dem Bewusstsein als Software. Derart wie die Software umgeschrieben werden kann, können auch Gefühle umprogrammiert und positiver ausgerichtet werden. So wie die Hardware durch leistungsfähigere Teile ersetzt oder ergänzt werden kann, so können auch Komponenten des menschlichen Körpers ausgetauscht oder optimiert werden. Die technische Vorstellung vom Menschen manifestiert sich auch in den Moralvorstellungen. Danach wäre moralisches Verhalten nicht mehr hauptsächlich an ein sich frei entscheidendes Individuum gebunden, sondern gezielt durch die richtige Auswahl der Gene oder eine entsprechende Pharmakologie zumindest in groben Bahnen steuerbar.

Die Moralvorstellungen im Transhumanismus sind bis dato zu keiner eigenständigen Theorie ausgearbeitet, sondern wie in obiger Definition oft sehr vage angedeutet. *Lebensbejahende Werte und Prinzipien* sind zwar positiv konnotiert, können aber konkrete Moralprobleme schwer beantworten. Der Angelpunkt vieler moralischer Überlegungen im Transhumanismus ist ein mehr oder weniger stark ausgeprägter Hedonismus. Negativ besetzte Gefühle sollen vermieden, positive Gefühle verstärkt werden. In der Konsequenz ergibt sich damit ein nutzenorientiertes Kalkül der vorgestellten Evolution des Menschen, welches das Wohl des Individuums dem eventuell größeren Gesamtwohl aller unterordnet: So werden etwa die vermeintlich positiven, zukünftigen Auswirkungen von Technologie im Vergleich zu den Risiken wesentlich stärker gewichtet. Der

---

[17] Vgl. https://humanityplus.org/philosophy/transhumanist-faq/, What is transhumanism?.
[18] Vgl. https://humanityplus.org/philosophy/transhumanist-faq/ , What is a posthuman?.

Transhumanismus orientiert sich damit an der angelsächsischen Tradition des Utilitarismus. Trotz der sich utilitaristisch ergebenden Einordnung des Individuums in das (zukünftige) Gesamtwohl, ist der Transhumanismus ansonsten äußerst individualistisch geprägt: Politische und soziale Überlegungen werden eher am Rand thematisiert. Im Vordergrund stehen die Überschreitung und Optimierung des einzelnen Menschen.

Auf Seiten der Transhumanisten wird diese Überschreitung geschichtlich weit zurückverfolgt und die technologische Optimierung als moderne Fortsetzung davon betrachtet. Ein erster, geläufiger Bezugspunkt der neuzeitlichen Philosophie bildet dabei der Renaissance-Humanismus im Sinne einer geistigen und körperlichen Entfaltung des Menschen. Dabei wird weniger auf die Bewegung im gesamten Bezug genommen, sondern lediglich der für den Transhumanismus nutzbare Anteil herausgelöst und in Anspruch genommen. Eine Ähnlichkeit zwischen beiden Bewegungen besteht deswegen nur oberflächlich[19]: Der Transhumanismus ist kein fortgesetzter Humanismus, sondern vielmehr ein *Transhuman*-ismus, d.h. eine Summe von technologischen Überlegungen zur Überwindung des Menschen in seiner gegenwärtig beschränkten, leiblich-leidlichen Konstitution. Nichtsdestotrotz sieht sich der Transhumanismus in seinem Selbstverständnis als zeitgenössischer Humanismus[20]: „Transhumanism can be viewed as an extension of humanism, from which it is partially derived."[21]

Ein ausführlicheres Urteil muss an dieser Stelle unterbleiben, zumal der Humanismus keine homogene Bewegung einer bestimmten Epoche ist, sondern über die Jahrhunderte bis in die Gegenwart zahlreiche Erweiterungen erfahren hat. Allerhöchstens könnte man den Transhumanismus betrachten als: „outgrowth of modern humanism. As such, transhumanism is secular, rationalist, individualistic, and concerned with the attainment of individual happiness."[22] Für den Transhumanismus bedeutsam ist jedoch der Renaissance-Humanismus insofern, als damit eine neue Ära der Naturbeobachtung eingeleitet wurde, welche die großen naturwissenschaftlichen Entdeckungen des 16./17. Jahrhunderts ermöglichte und in der Begründung der modernen Naturwissenschaften mündete. Diese wiederum sind der Schlüssel zur Verbesserungsidee des Transhumanismus

---

[19] Vgl. Jansen, M., S.283.
[20] Vgl. Sorgner, S.L., „Introducing Post- and Transhumanism", In: Post- and transhumanism, S.8.
[21] https://humanityplus.org/philosophy/transhumanist-faq/ , What is transhumanism?.
[22] Tirosh-Samuelson, H., „A Critical Historical Perspective on Transhumanism", In: H±, S.35.

mit wissenschaftlichen und technischen Mitteln. Darüber hinaus wird anhand der Philosophie Heideggers noch zu untersuchen sein, inwieweit die Entstehung der modernen Naturwissenschaften nicht nur ein *Mittel* zur Umgestaltung der Lebensbedingungen des Menschen darstellt, sondern grundlegend das Denken als rechnende Vernunft sowie das Selbst- und Weltverständnis beeinflusst und damit das Phänomen des Transhumanismus erst ermöglicht hat.

In jedem Fall ist der Transhumanismus durchdrungen vom *empirischen* Denken der modernen Naturwissenschaft und *materialistisch* geprägt. Dies äußert sich etwa in dem Gedanken, den Menschen durch pharmakologische oder genetische Modifikation moralischer oder glücklicher machen zu können. Der Geist oder das Bewusstsein sind damit keine von der Materie unabhängigen Seinsbereiche, sondern Begleiterscheinungen einer bestimmten materiellen Verfasstheit. Es wird also ein monistisches Weltbild zugrundegelegt, dessen Grundlage die Materie ist. Umgekehrt gibt es transhumanistische Positionen, die einen dualistischen Zugang andeuten: Der Computerwissenschaftler H. Moravec geht von einer „natürliche[n] Dualität von materiellem Körper und abstraktem, sich selbst interpretierenden Geist"[23] aus. Vor allem das *Mind Uploading* als Übertragung des biologisch gebundenen menschlichen Geistes auf einen Computer greift die Einteilung von R. Descartes in eine *res cogitans* und eine *res extensa* auf: Das Bewusstsein fungiert als denkende Substanz und wird vom ausgedehnten, *kohlenstoffbasierten* Körper auf einen *siliziumbasierten* überführt. Denkbar wäre zwar auch eine monistische Position einzunehmen, d.h. den Geist als Ergebnis siliziumbasierter Rechenoperationen zu interpretieren. Dennoch scheint hier der Gedanke einer Reinkarnation bzw. Re-*installation* wiederaufgegriffen zu werden, in der mentale Prozesse von einem Medium auf ein anderes überführt werden. Durch einen Gehirnscan werden die geistigen Informationen vollständig übertragen und bleiben erhalten, wohingegen der Körper als Substrat ausgetauscht wird. Auf diese Weise wird ein im Prinzip ewiges Leben mit unendlichen Möglichkeiten der Verkörperung verfügbar.

In diesem Punkt wird eine Seite des Transhumanismus sichtbar, die bisher den Religionen vorbehalten war: Ewiges Leben in einem transformierten Körper ist ein Kerngedanke verschiedener Religionen. Insbesondere das Konzept der Singularität von R. Kurzweil[24] weist in seiner Konzeption Parallelen zur Ankunft Gottes in der

---

[23] Moravec, H., Computer übernehmen die Macht, S.120.
[24] Vgl. Kurzweil, R., S.21 ff..

nicht allzu fernen Zukunft auf. Als Gott müssen dabei Computer herhalten, die bis dahin so außergewöhnlich intelligent sind, dass sie den Menschen um ein Vielfaches übertreffen; nur wer als Upload mit den Maschinen verschmilzt, kann die Apotheose miterleben. Sicherlich gibt es viele praktische und theoretische Unterschiede und Gegensätze zwischen etablierten Religionen und transhumanistischen Gruppierungen. Zu nennen wäre etwa eine differenzierte Praxis von Gebeten und Ritualen einerseits und vor allem eine gewisse Unbeeinflussbarkeit und Gegebenheit natürlicher Abläufe andererseits in der Tradition religiöser Lehren. Inwieweit es eine institutionelle Konvergenz gibt, wird die zukünftige Entwicklung zeigen. Jedenfalls hat sich bspw. bereits die *Mormon Transhumanist Association* etabliert, welche die Idee der Singularität mit der Lehre der Mormonen in Verbindung bringen will. An seinen extremen Rändern hat der Transhumanismus daher eine „quasi-religiöse Vorstellungswelt"[25].

In Verbindung mit religiösen Grundgedanken ist der Transhumanismus auch geprägt von verschiedenen Mythologien. So benennt M. Hauskeller neben dem Mythos des *unvermeidbaren Fortschritts* oder der *Allmacht der Wissenschaft*[26] vor allem den Mythos von *Utopia* als Kernelement des Transhumanismus[27]: Weltfrieden, ökonomischer Wohlstand und dauerhaftes menschliches Glück sind beständige Merkmale transhumanistischer Zukunftsszenarien. Das Glück bzw. Wohlbefinden ist hier jedoch nicht das Ergebnis religiöser Frömmigkeit, tugendhaften Verhaltens oder eines idealen Naturzustandes, sondern resultiert aus der technischen Entwicklung selbst: Wenn die richtigen Techniken in Pharmakologie, Genetik, Kybernetik und anderen Forschungsbereichen verfügbar und finanziell erschwinglich sind, dann kann jeder sein persönliches Glück und Wohlbefinden individuell und *ohne Mühe* fabrizieren. So verspricht die *Transhumanist Declaration* in Absatz 2: „There are possible scenarios that lead to wonderful and exceedingly worthwhile enhanced human conditions."[28] Oder mit den Worten von S. Marsen:

> Transhumanism is a general term designating a set of approaches that hold an optimistic view of technology as having the potential to assist humans in building

---

[25] Tirosh-Samuelson, H., „Religion", In: *Post- and Transhumanism*, S.68.
[26] Vgl. Hauskeller, M., S.8.
[27] Vgl. ebd., S.13.
[28] https://humanityplus.org/philosophy/transhumanist-declaration/ , Absatz 2.

more equitable and happier societies mainly by modifying individual physical characteristics.[29]

Diese zweite Definition überschneidet sich in wesentlichen Momenten mit der Definition von M. More, hebt jedoch den gesellschaftlichen Bezug hervor und betont explizit die Steigerung des Glücks (*happier societies*) in Folge technischen Fortschritts. Beide Definitionen können als Grundlage für die weitere Untersuchung dienen, die sich nun aktueller Kritik am Transhumanismus zuwendet.

2.4 Aktuelle Kritik

Infolge der rasanten technischen Entwicklung haben auch die transhumanistischen Zukunftsideen zunehmend an Glaubwürdigkeit gewonnen. Anfangs belächelt als *wissenschaftliche Fantasten,* sind dessen Vertreter heute durchaus in der Mitte der Gesellschaft angekommen und können sich einer entsprechenden Resonanz in Wissenschaft, Ökonomie und öffentlichen Medien sicher sein. So hat R. Kurzweil zusammen mit P. Diamandis die *Singularity University* (SU) gegründet, deren Agenda offiziell nicht explizit transhumanistisch ist und lediglich die exponentiellen Chancen wissenschaftlichen Fortschritts fördern möchte. Doch bereits der Name deutet die Verbindung zu Kurzweils Konzept der Singularität an, in der ein stark transformierter Mensch entworfen wird; implizit ist damit die SU eine transhumanistischer Think Tank. Dabei ist zu beachten, dass die Singularity University eben nicht nur von einer Randgruppierung betrieben wird, sondern ihren Sitz im NASA Research Park nahe San Jose in Kalifornien hat und von global agierenden Firmen wie Google, Deloitte oder Genentech unterstützt wird.[30]

Außerdem ist gerade eine zunehmende Kritik Ausdruck einer ernstzunehmenden Bedeutung, auch wenn die Zahl der *offiziellen* Transhumanisten noch überschaubar ist. F. Fukuyama ist sogar so weit gegangen, den Transhumanismus als gefährlichste Idee der Welt[31] zu bezeichnen, weil die modernen Biotechnologien die Würde unserer menschliche Natur untergraben und damit das liberal-demokratische System aushöhlen. Überhaupt argumentieren viele Kritiker

---

[29] Marsen, S., S.86.
[30] https://su.org/about/sponsors/
[31] Vgl. Fukuyama, F., S. 42-43.

aus der Perspektive einer irgendwie gearteten menschlichen Natur heraus und werden dafür von den Transhumanisten abwertend als *Bioconservatives* oder *Bio-Luddites* bezeichnet. Neben politischen wird auf sozioökonomische Gefahren wie die Aufspaltung der Gesellschaft in genetisch verbesserte und nicht optimierte Menschen hingewiesen, ähnlich wie im Roman *Schöne neue Welt* von A. Huxley, dem Bruder von J. Huxley und Mitschöpfer des Transhumanismusbegriffs. Häufig wird jedoch in erster Linie auf unabsehbare Folgen für die biologische Verfasstheit des Menschen hingewiesen, die zu einem existenziellen Problem für die Menschheit werden könnten. Bereits an dieser Stelle sei auf die Kritik Heideggers verwiesen, der ebenfalls die Existenz des Menschen durch Technologie bedroht sieht. Allerdings verweist seine Argumentation in eine andere Richtung, wie noch zu erörtern sein wird.

Existenzielle Risiken sind ein grundsätzliches Thema, da viele Technologien im transhumanistischen Kontext gravierende Auswirkungen auf Mensch und Umwelt haben würden. Während die Genetik *nur* die biologische Form verändert, bedroht die Kybernetik und die Entwicklung künstlicher Intelligenz den Menschen insgesamt in seiner *kohlenstoffbasierten* Form. Nanotechnologie könnte mit dem Bau selbstreplizierender Nanobots sogar die gesamte organische Materie der Erde verbrauchen und in einen sogenannten *Gray-Goo* verwandeln. Im Vergleich dazu mutet die Problematik der Eugenik fast unbedeutend an, ist jedoch technisch greifbarer als die noch visionäre Nanotechnologie oder die Aussicht intelligenter Roboter.

Unabhängig von den Folgen sind weiterhin viele Einzelelemente des Transhumanismus Gegenstand der Kritik. Allen voran die Ersetzung ursprünglich religiöser Hoffnungen durch einen wissenschaftlichen Fortschrittsglauben, der versucht in Form eines „magischen Rationalismus"[32] mit einer „binäre[n] Eschatologie"[33] die Göttlichkeit des Menschen zu realisieren. Das Vertrauen in die technische Gestaltung der Zukunft mit wissenschaftlichen Mitteln nimmt geradezu messianische Züge an. Andere Einstellungen zur Welt bzw. Seinsweisen werden an den Rand gedrängt und abgewertet. Als Ursache dieses Glaubens wird neben der Sehnsucht nach ewigem Leben von Jansen M. ein „puritanischer Leibhass"[34]

---

[32] O'Connell, M., S.110.
[33] Ebd., S.130.
[34] Jansen, M., S.283.

angeführt, bedingt durch die pessimistische Anthropologie von Calvinismus und Puritanismus.

Überhaupt wird in Fortsetzung der kapitalistischen Leistungsgesellschaft der körperliche Mensch im Transhumanismus als Störfaktor des technisch-ökonomischen Systems betrachtet, der zu beseitigen ist.[35] Warum braucht es noch Menschen, wenn Maschinen doch alles besser, schneller und billiger erledigen können? Sogar die Freude am Leben lässt sich technisch aufwerten. Darin zeigt sich die extrem restriktive, instrumentalistische Perspektive sowie die *Berechnungslogik*[36] des Transhumanismus. Und auch der Tod wird als Problem gesehen, worauf Technologie die Lösung sein soll.[37] Völlig ausgeblendet wird hingegen der mögliche Sinn körperlicher Endlichkeit bezüglich der menschlichen Entwicklung: Nur aus der kontinuierlichen Bedrohung des Nicht-Seins kann das Bewusstsein erwachsen, dass überhaupt etwas *ist*.[38] Darauf wird aus der Perspektive Heideggers in dem Abschnitt über das *Sein zum Tode* noch genauer einzugehen sein. Vor einer Beurteilung des Transhumanismus aus der Perspektive Martin Heideggers werden zum Abschluss noch die transhumanen Möglichkeiten evaluiert.

2.5 Technische Möglichkeiten

Die Veränderung individual-körperlicher Eigenschaften durch Technik gemäß der Transhumanismus-Definition von S. Marsen und M. More ist ein Prozess, der sicherlich bereits in vollem Gange ist und auf verschiedene Weise fortgesetzt werden wird. Wenn man die die traditionsreiche Verwendung von Drogen bereits als frühe Form transhumanistischer Praxis einordnet, dann ist die aktuelle Debatte um die Steigerung des Leistungsvermögens und Wohlbefindens mit *pharmakologischen* Mitteln nur eine Fortsetzung alter Entwicklungslinien.

An dieser Stelle deutet sich die historische und ambivalente transhumanistische Perspektive an: Die Verbesserung des Menschen hat immer schon stattgefunden, jedoch oft nur in engen Grenzen erfolgreich und vielfach mit insgesamt negativen Folgen. Ausgehend von dieser Analogie ist daher nicht auszuschließen, dass viele in Aussicht gestellte Technologien zur Optimierung des Menschen weniger mächtig

---

[35] Vgl. Von Becker, Ph., S.33, 51 und 105.
[36] Vgl. Alexandre, L., S.84.
[37] Vgl. O'Connell, M, S.244.
[38] Vgl. Tirosh-Samuelson, „A Critical Historical Perspective on Transhumanism", In: H±, S.45.

sind als erwartet. Dies bezieht sich nicht nur auf die futuristische Nanotechnologie oder den Upload menschlichen Bewusstseins. Auch die Gentechnik bleibt bisher den Beweis eines hochoptimierten Menschen schuldig. So lassen sich z.B. mit der sog. Genschere *CRISPR-Cas9* einzelne Gene ausschalten und durch andere Abschnitte ersetzen, der Mechanismus im Ganzen ist nach Jahrzehnten der Forschung jedoch nicht vollständig verstanden.[39] Die Kernfusion ist ein weiteres Beispiel für eine Technologie, deren Realisierung immer wieder um Jahrzehnte in die Zukunft verschoben wird.

Umgekehrt gibt es viele Erfolge mit großem Potenzial: Die Entschlüsselung des menschlichen Genoms oder kybernetische Prothesen und Implantate wie das bereits technisch ausgereifte Cochlea Implantat für Gehörlose. Bereits gelungen ist auch die Steuerung einfacher Robotermotorik und Prothesen durch gedankliche Aktivierung einzelner Hirnareale, deren Aktivität durch einen Chip übertragen wird. Die gedankliche Kontrolle der Außenwelt scheint nur noch eine Frage der Zeit zu sein. Auf dem Weg einer medizinischen Heilung menschlicher Defizite erwartet man die gezielte Verbesserung körperlicher und geistiger Eigenschaften des Menschen.

Die Anzahl sowohl von gescheiterten als auch erfolgreich prognostizierten Technologien ist groß und eine Gegenüberstellung kann an dieser Stelle lange fortgesetzt werden. Zu erwarten aber ist in jedem Fall die Ausschöpfung der technischen Möglichkeiten: Militärischen Interessen, ökonomisches Profitstreben und nicht zuletzt wissenschaftliche Neugier sind eng miteinander verflochtene Treiber der technischen Entwicklung und damit Grundlage transhumanistischer Szenarien. Die modernen Kriege werden zunehmend mit automatisierten Waffen geführt, die selbstständig Ziele aussuchen und zerstören. Neben dem Militär sind dabei auch verschiedene Konzerne an der Entwicklung von Kriegstechnologie beteiligt. Allen voran der bunte *Weltverbesserer* Google investiert große Summen in die Entwicklung von Kampfrobotern.

Dem Transhumanismus ist dahingehend recht zu geben, dass sich der Mensch immer schon entwickelt hat und weiter entwickeln wird. Eine einfache Antwort auf die Frage nach der Wahrscheinlichkeit eines transhumanen Übergangs ist daher auch deswegen nicht zu erwarten, weil der gegenwärtige Mensch im historischen Vergleich durchaus bereits als transhuman eingestuft werden kann. Allgegen-

---

[39] https://www.mpg.de/11018867/crispr-cas9.

wärtige Technologien wie elektrisches Licht oder die Kommunikation per Telefon waren vor wenigen Jahrhunderten höchstens als magische Eigenschaften vorstellbar und sind heute alltäglich. Das Smartphone wirkt bereits nach wenigen Jahren der Benutzung schon fast als zusätzliches Körperteil ohne das nicht mehr auszukommen ist. Die Entwicklung zum Cyborg als maschinellem Menschen - eventuell mit bereits optimierter Genetik - erscheint unabdingbar.

Auf den ersten Blick relativ neu wirkt die Tatsache, dass der Mensch in verstärktem Maße selbst zum optimierbaren, technischen Gegenstand wird und es nicht nur um die Manipulation der Außenwelt geht. Bei genauerer Betrachtung besteht jedoch der Verdacht, dass es sich dabei um zwei Seiten ein und derselben Medaille handelt: Die massive Umgestaltung der Außenwelt und die *Verbesserung* des Menschen lassen sich nicht voneinander trennen und bilden eine Einheit. Diesem Gedanken und dessen Ursachen sind im Folgenden anhand der Philosophie Martin Heideggers nachzugehen und weiter zu diskutieren.

3 Zur Philosophie Martin Heideggers

> [...] den Menschen so zu machen, d.h. rein in seinem organischen Wesen so zu konstruieren, wie man ihn braucht: Geschickte und Ungeschickte, Gescheite und – Dumme. So weit wird es kommen![40]

Die Gedanken Heideggers sind weder einfach zu verstehen, noch bilden sie ein kohärent ausgearbeitetes System, zumindest nicht über die gesamte Werkgeschichte hinweg. Der erste systematische Versuch einer Formulierung seiner Philosophie ist in *Sein und Zeit* abgebildet und trotz der Unvollständigkeit Ausgangspunkt seines Denkens. Vor allem die darin explizierte Frage nach dem *Sein* bleibt grundlegend über das anfängliche Hauptwerk hinaus bis zum Ende seines Lebens. Jenseits dessen wird vieles überdacht und aus einer anderen Perspektive betrachtet. So spricht er selbst von einer *Kehre* seines Denkens im Laufe der 1930er Jahre, allerdings nicht im Sinne einer totalen Um-kehrung, sondern als Wechsel der Herangehensweise an die Seinsfrage. Der Prozess dieser Kehre ist zeitlich verknüpft mit seinem nationalsozialistischen Engagement und führt nach Ende des zweiten Weltkrieges zu Heideggers Thematisierung der Technik als dem grundlegenden, seinsgeschichtlichen Phänomen der Neuzeit.

Daher ist es zunächst naheliegend, dem Transhumanismus als gewissermaßen technischer Philosophie in erster Linie die Technikdeutung Heideggers gegenüberzustellen. Abgesehen von dem 1953 veröffentlichten Aufsatz *Die Frage nach der Technik* gibt es jedoch keine weitere Veröffentlichung, welche die Technik explizit im Titel thematisiert. Es bleibt aber die Technik ein Grundthema der späteren Schriften, das an unterschiedlichen Stellen diskutiert wird. Als Einstieg wird damit der genannte Aufsatz verwendet, um davon ausgehend den Brief *Über den Humanismus* und den Vortrag *Gelassenheit* zur weiteren Erläuterung heranzuziehen und anhand dieser den Transhumanismus einer fundierten Technikkritik zu unterziehen.

Die Untersuchung kann jedoch nicht bei der Technik stehen bleiben, sondern muss diese in Beziehung zur Frage nach dem Sein sehen, bei der die Philosophie Martin Heideggers ansetzt. Daraus ergeben sich Anknüpfungspunkte zu prinzipiell allen Stationen seines speziellen Denkweges, insbesondere zu *Sein und Zeit*. Das Hauptwerk soll aus drei Gründen in die Untersuchung mit einbezogen werden.

---

[40] Wisser, R., Heidegger, M., *Martin Heidegger im Gespräch*, S.73.

1. Zum einen hat Heidegger seine eigene Herangehensweise in Sein und Zeit als zu technisch beschrieben, so dass auch er sich selbst in der Tradition der Metaphysik gefangen gesehen hat. Auf dieser Folie wird nochmals deutlich, warum aus Heideggers Perspektive die technischen Zukunftsentwürfe des Transhumanismus als Ausfluss des modernen Subjektivismus kritisch zu betrachten sind.
2. Zum zweiten wird aus der Perspektive der Daseinsanalytik vor allem besser klar, warum das Menschenbild des Transhumanismus reduktiv ist und was Heidegger in seiner Spätphilosophie an der Technik kritisiert. Die Daseinsanalytik bildet gewissermaßen den unausgesprochenen Hintergrund seiner Technikphilosophie und macht sie zum Teil erst verständlich. Auch wenn Sein und Zeit in seiner Gesamtheit unvollständig ist, lassen sich dennoch einzelne Elemente als Kritik am Menschenbild des Transhumanismus äußerst fruchtbar verwenden.
3. Zum dritten besteht aufgrund der Debatte um die Schwarzen Hefte starker Zweifel auch an der philosophischen Integrität Heideggers, gerade in Bezug auf sein Spätwerk. Trawny P. geht sogar soweit zu behaupten, dass in absehbarer Zeit nur Heideggers Hauptwerk bedeutsam sein wird.[41] Bezüglich der Schwarzen Hefte ist jedoch nicht nur daran gedacht, ob seine Philosophie antisemitisch oder in welcher Weise sie nationalsozialistisch ist, sondern betrifft auch die Tatsache, dass er in der Zeit nach dem zweiten Weltkrieg versucht hat, sein nationalsozialistisches Engagement herunterzuspielen und schönzureden. H. Arendt hat dies in einem Brief an K. Jaspers ausgedrückt:

> Er hat wohl geglaubt, daß er sich auf diese Manier von der Welt billigst loskaufen könnte, aus allem Unangenehmen rausschwindeln und nur Philosophie machen. Und dann ist ihm natürlich prompt diese ganze verzwickt-kindische Unehrlichkeit doch in das Philosophieren umgeschlagen.[42]

Vielleicht lassen sich aus dieser Sicht manch schwer verständliche und teils dubiose Stellen seiner späteren Schriften in der Weise verstehen, dass er seinem Weltruf und -ruhm als tiefsinniger Denker in überzogenem Maße versucht hat gerecht zu werden. Zwar bleibt Heidegger derjenige, der das Phänomen der

---

[41] Vgl. Trawny, P., S.158.
[42] Köhler, L.; Saner, H., S.178.

Technik auf kreative Weise in seinem Spätwerk *gelichtet* hat, dennoch soll der Transhumanismus u.a. aufgrund dieser späteren Unredlichkeit auch aus der Perspektive des politisch noch unbelasteten Heideggers von *Sein und Zeit* betrachtet werden.

Aufgrund der direkten Bezugnahme zur modernen Technik im Spätwerk wird nicht chronologisch das Hauptwerk vorangestellt, sondern zuerst die angesprochenen Werke der Spätphilosophie analysiert.

4 Die Technikphilosophie in Heideggers Spätwerk

4.1 Die Frage nach der Technik

> Die moderne Technik:
> kein bloßes Mittel zum Zweck,
> sondern eine Weltkonstitution.[43]

Das technische Denken Heideggers grenzt sich vor allem dadurch ab, dass es die übliche Bestimmung der Technik als bloßes Mittel für Zwecke und ein Tun des Menschen[44], d.h. die instrumentale und anthropologische Bestimmung der Technik, aus einer übergeordneten Perspektive betrachtet. Die instrumentale Bestimmung ist zwar richtig, enthüllt jedoch nicht das Wesen der Technik und damit nicht das Wahre. Der übergeordnete Blickwinkel im Herangehen Heideggers ist damit eine Unterscheidung zwischen bloßer Richtigkeit und eigentlicher Wahrheit. Die Wahrheit wurde im Laufe der Philosophiegeschichte auf Richtigkeit, d.h. Übereinstimmung von Vorstellung und zugehörigem Sachverhalt reduziert. Heidegger denkt Wahrheit jedoch als *Unverborgenheit* bzw. *Aletheia*. Die Unverborgenheit wiederum geschieht durch ein Her-vor-bringen (*Poiesis*), z.B. im Sinne handwerklicher Verfertigung, künstlerisch-dichtender Tätigkeit oder auch des Wachstums von Pflanzen. „Das Her-vor-bringen bringt aus der Verborgenheit in die Unverborgenheit."[45] Im Rückgang auf die griechische Philosophie holt Heidegger damit den für ihn ursprünglicheren Begriff von Wahrheit wieder und kann dadurch die Technik als Weise des Entbergens verstehen. Das eigentliche Wesen der Technik liegt deswegen nicht in ihrem instrumentalen Charakter, der das wesentliche erst verdeckt, sondern in dem was sie entbirgt oder hervorbringt. Zudem ist in seiner ursprünglichen Deutung die *Techne* nicht nur die Bezeichnung für das handwerkliche Können, sondern auch für die Kunst; die Techne gehört zum Her-vor-bringen.[46]

Natürlich bleibt Heideggers Verständnis von Wahrheit ungewöhnlich und befremdlich wie er selbst sagt. Dennoch gelangt er von da aus zu einer neuartigen und intuitiven Beschreibung moderner Technik, die instrumentelle Betrachtungs-

---

[43] Seubold, G., S.34.
[44] Vgl. Heidegger M., „Die Frage nach der Technik", In: *Die Technik und die Kehre*, S.6.
[45] Ebd., S.11.
[46] Vgl. Ebd., S.12.

weisen der Technik als bloßes Mittel für Zwecke vermissen lassen. Sehr anschaulich wird dies in seiner Beschreibung des Rheins als Energielieferant und Besichtigungsobjekt für den Tourismus oder im Ackerbau als *motorisierte Ernährungsindustrie*. Darin ist die moderne Technik ein Entbergen im Sinne eines Herausforderns der Natur und hat den Charakter des Stellens, nicht mehr des Hervor-bringens.[47] Allerdings steht dies im Widerspruch zur Aussage, dass die Unverborgenheit bzw. das Entbergen durch ein Hervorbringen geschieht. Wie kann die Technik entbergen, wenn sie kein Hervorbringen ist? Offensichtlich muss es eine Entbergung geben, die im Sinne der griechischen *Poiesis* nichts her-vor-bringt und eine Verfallsform darstellt. Inwieweit ist damit ein qualitativer Unterschied zwischen der modernen Technik des Wasserkraftwerks und der alten Wassermühle gegeben? Zwar ist vormals nicht von umgewandelten und gespeicherten Energien die Rede, dennoch könnte man auch bei der alten Wassermühle sagen, dass an die Natur das Ansinnen gestellt wird, Kraft für das Mahlen des Getreides zu liefern. Ebenso könnte man umgekehrt das moderne Wasserkraftwerk als ein ingenieursmäßiges Her-vor-bringen einer technischen Meisterleistung verstehen. In der wissenschaftlichen Debatte besteht keine Einigkeit darüber: A. Luckner sieht einen qualitativen Unterschied und grenzt sich damit von G. Seubold ab, der letztlich einen graduellen Unterschied vertritt.[48] Richtig ist zwar, dass die vormodernen technischen Möglichkeiten eingeschränkt waren, dennoch lassen sich viele Beispiele für umwälzende menschlich-technische Eingriffe in die Natur finden. Zu denken wäre etwa an umfassende Rodungen im Mittelalter zu Zwecken des Schiffbaus und der landwirtschaftlichen Nutzung. Wird hier nicht auch schon an die Natur das Ansinnen gestellt, Rohstoffe zu liefern?

Jenseits dieser Unklarheiten wird dennoch deutlich, dass in der modernen Technik etwas anderes im Gange ist als in der vormodernen Art, die noch weitgehend auf die Abläufe in der Natur angewiesen ist. Die Quantität der Technik im Kleinen wie im Großen erreicht in der Neuzeit eine eigene Qualität und wird dadurch zum Unberechenbaren.[49] Der Mensch bildet sich nur ein, die Technik kontrollieren zu können: „die Unverborgenheit, worin sich jeweils das Wirkliche zeigt oder entzieht,

---

[47] Vgl. Ebd., S.16.
[48] Vgl. Luckner, A., „Heidegger und das Denken der Technik", In: *Heidegger und die technische Welt*, S.17.
[49] Vgl. Heidegger, M., *Die Zeit des Weltbildes*, S.88.

verfügt der Mensch nicht."⁵⁰ Auch damit scheint Heidegger etwas Wesentliches zu treffen, denn an vielen Stellen ist die Technik zwar bis in letzte Detail *gesteuert* und *gesichert*, eine Kontrolle geht aber unerwartet immer wieder fehl. Zu nennen wären die atomaren Katastrophen bei Kernkraftwerken oder der Klimakollaps aufgrund fortgesetzter Umweltzerstörung durch den beschleunigten technischen Fortschritt.

Entscheidend an der Sichtweise Heideggers ist, dass er den Menschen nicht als außerhalb der technischen Entwicklung stehend betrachtet, sondern als Teil der Entbergung sieht: „Nur insofern der Mensch seinerseits schon herausgefordert ist, die Naturenergien herauszufördern, kann dieses bestellende Entbergen geschehen."⁵¹ Diese Art des Bestellten bezeichnet er als *Bestand*, in den auch Kunst, Religion, Politik und zuletzt der Mensch selbst gehört.⁵² Der Mensch kann im Rahmen dieser Entwicklung nicht anders als die Natur (und sich selbst!) so lange zum Gegenstand der Forschung zu machen bis sie sich in das *Gegenstandlose des Bestandes* auflöst. Dieser Anspruch an den Menschen wird von Heidegger als *Ge-stell* bezeichnet und zwingt ihn „das Wirkliche in der Weise des Bestellens als Bestand zu entbergen."⁵³ G. Seubold schlüsselt das Gestell in mehrere Momente auf, die sich wechselseitig ergänzen: Die technisch bestimmten Dinge werden zum bloßen Material in Folge der Vernichtung ihrer Selbst-ständigkeit und Autonomie. So können die Dinge aufgrund der Vergegenständlichung der Welt funktionalisiert, berechnet und damit beherrscht werden.⁵⁴ „Auf diese Weise konstituieren sich die Dinge in der reinen Herstellbarkeit und werden zum bloßen Material der Arbeit, um so der Vernutzung und Ersetzung preisgegeben zu werden."⁵⁵

Im Gestell soll zwar auch das Andenken an das Her- und Darstellen im Sinne der Poiesis bewahrt werden, aber: „Vor allem verbirgt das Ge-stell jenes Entbergen, das im Sinne der ποίησις das Anwesende ins Erscheinen her-vor-kommen läßt."⁵⁶ Mit Gestell ist also nicht die Gesamtheit der technischen Geräte gemeint, sondern die Art und Weise wie der Mensch in den Anspruch genommen ist, mit den

---

50 Heidegger M., „Die Frage nach der Technik", In: *Die Technik und die Kehre*, S.16.
51 Ebd., S.17.
52 Vgl. Seubold, G., S.231.
53 Heidegger, M., „Die Frage nach der Technik", In: *Die Technik und die Kehre*, S.23.
54 Vgl., Seubold, G., S.105.
55 Ebd., S.105.
56 Heidegger, M., „Die Frage nach der Technik", In: *Die Technik und die Kehre*, S. 27.

Gegenständen der Welt umzugehen. Entsprechend liegt die Gefahr der Technik nicht in ihren Errungenschaften, seien sie auch noch so bedrohlich wie die Atomkraft oder die Biotechnologie, sondern darin, dass er das Gestell „nicht als einen Anspruch vernimmt, daß er sich selber als den Angesprochenen übersieht"[57] und damit sein Wesen verliert. Darin drückt sich aus, dass das technische Entbergen nicht maßgeblich durch den Menschen bestimmt wird, sondern dass er Teil eines größeren Prozesses ist.

Die rasante Entwicklung der neuzeitlichen Technik sieht Heidegger als Verfall der *Seinsgeschichte*, die „das Ende der durch die Subjektivität geprägten, anthropozentrischen und auf die wissenschaftliche Betrachtung des Seienden hin orientierten ‚Philosophie' "[58] einläuten. Auch die Daseinsanalytik von *Sein und Zeit* sieht er zumindest zum Teil in dieser Tradition. Insgesamt ist die anthropologische Bestimmung der Technik unwahr und nur insofern richtig als das menschliche Tun Teil des technischen Entbergens ist. „Das Wesen der modernen Technik bringt den Menschen auf den Weg jenes Entbergens, wodurch das Wirkliche, mehr oder weniger vernehmlich, zum Bestand wird."[59] Dieses vom Menschen unbeeinflussbare Geschehen benennt Heidegger als *Geschick*. Somit ist es auch konsequent, wenn Heidegger die technische Entwicklung als vom Menschen unkontrollierbar und nicht steuerbar betrachtet. Vielmehr besteht das Wesen des Seins gerade in der Technik und kann deswegen nicht vom Menschen überwunden werden![60] Was bleibt dann für den Menschen überhaupt zu tun? Heidegger denkt an keine spezielle Handlung, denn dies würde sich bereits im Bereich des Gestells bewegen. Es geht eher um ein neues Denken, welches auf das Wesen der Technik achtet und damit den Bezug zum Wesen der Wahrheit wieder öffnet. Die Technik ist wie ein Schmerz zu *verwinden* und zwar vom Menschen in einem *entsprechenden*, nicht-technischen Wesen.[61] Doch es ist mit H.-M. Schönherr zu fragen: „Können wir unsere Welt noch anders denn in technischen und wissenschaftlichen Termen formulieren?"[62]

---

[57] Ebd., S.27.
[58] Rosales-Rodriguez, A., S.46.
[59] Heidegger, M., „Die Frage nach der Technik", In: *Die Technik und die Kehre*, S.24.
[60] Vgl. Heidegger, M., „Die Kehre", In: *Die Technik und die Kehre*, S.38.
[61] Vgl. Ebd., S.38 f..
[62] Schönherr, H.-M., S.42.

Heideggers Denken wirkt in unserer wissenschaftlich-technischen Zeit wenigstens befremdlich und muss aus der Perspektive der Wissenschaft als nicht beweisbar und deshalb unplausibel gedacht werden. Heidegger würde darauf antworten, dass gerade darin eben das Wesen des Gestells liegt, nämlich die Wahrheit der Technik zu verbergen. Jedenfalls ist ihm in der Analyse der modernen Physik Recht zu geben, wenn die Physik „die Natur daraufhin stellt, sich als einen vorausberechenbaren Zusammenhang von Kräften darzustellen, [...] ob sich die so gestellte Natur und wie sie sich meldet."[63] Die moderne Physik geht vom einem festen Theoriegebäude aus und untersucht die Natur auf ihre quantitative Zusammenhänge, um diese zukünftig vorherzusehen und nutzbar zu machen. Darin zeigt sich die Rätselhaftigkeit des Heideggerschen Denkens. Einerseits äußerst treffend in ihrem Vermögen den gegenwärtigen Zustand der technisch-wissenschaftlichen Welt zu beschreiben, anderseits dunkel in ihrer Begründung. Rosales-Rodriguez schreibt dazu in seiner Dissertation:

> Heideggers Technikinterpretation ist nicht das Ergebnis empirischer Untersuchungen, sondern die Konsequenz seiner philosophischen Deutung der Geschichte als Geschichte der ‚Seinsverlassenheit' selbst, wie er sie in unserem Zeitalter erkennt.[64]

Heidegger mag gut daran tun, das Wesen der Technik nicht selbst empirisch zu bestimmen. Doch wird es damit schwierig, nachvollziehbare Gründe für seine Überlegungen anzugeben. Zuweilen drängt sich sogar der Eindruck auf, dass jede Kritik an der Technikphilosophie als Ausdruck der Seinsverlassenheit an Heidegger abprallt. Außerdem wird der Mensch in der Seinsverlassenheit äußerst passiv vom *Sein* her gedacht und büßt damit große Teile seiner *autonomen Handlungskompetenz* ein.[65] Heidegger versucht auf dem Weg über die ursprüngliche Bedeutung der Wahrheit in der griechischen Philosophie das Wesen der Technik zu verstehen und kommt damit zu erstaunlich aussagekräftigen Analysen. An dieser Stelle soll nicht weiter die Schlüssigkeit seiner Aufweisung und Herleitung thematisiert, sondern gefragt werden, wie der Transhumanismus aus dieser Perspektive bewertet werden muss.

---

[63] Heidegger, M., „Die Frage nach der Technik", In: *Die Technik und die Kehre*, S.21.
[64] Rosales-Rodriguez, A., S.76.
[65] Vgl. Mende, D., S.253.

4.2 Heidegger und der Transhumanismus – Teil 1

Der Transhumanismus selbst ist zwar keine Technik, sondern ein Überbegriff für Ideen zur Verbesserung des Menschen und seiner Lebensbedingungen. Nimmt man aber die Definition von M. More als Grundlage, so soll dies durch *wissenschaftliche* und *technische* Mittel erreicht werden; und gelangt damit direkt in den Kern der Technikkritik Heideggers. Zumal die Wissenschaft für Heidegger nichts ist, was der modernen Technik vorausgeht, denn sie ist in ihrem Wesen nach technisch. Ohne anfänglich technisch sichtbare Ergebnisse in Form von Maschinen und Geräten wird die Natur von der neuzeitlichen Wissenschaft rechnerisch festgestellt und als System von Informationen bestellt.[66] Wissenschaft und Technik sind also in ihrem Wesen dasselbe und gleichermaßen an der technischen Entbergung der Welt beteiligt. Insofern ist es konsequent und richtig, den Transhumanismus als Teil einer technischen Sicht auf die Welt und den Menschen einzuordnen. Schwieriger gestaltet sich jedoch die Frage, wie eine solche Sichtweise zu bewerten ist und ob überhaupt eine Bewertung vorgenommen werden kann bzw. soll. Heideggers Technikphilosophie ist diesbezüglich nicht immer klar und hält sich hier in der Zweideutigkeit und Offenheit. Zum einen ist die technische Seinsweise ein Geschick, d.h. etwas dem sich der Mensch nicht selbständig und allein von sich aus entziehen kann. Der Transhumanismus wäre damit keine anzunehmende oder abzulehnende Bewegung, sondern Erscheinung dessen wie die Welt *ist* bzw. das *Sein waltet*. Zum anderen verwendet Heidegger jedoch keine neutrale Terminologie, sondern hochgradig suggestive Bezeichnungen, ähnlich wie bereits in *Sein und Zeit*. Das Gestell erweckt jedenfalls tendenziell negative oder reduktive Konnotationen im Sinne der ursprünglichen Bedeutung als Stangen- oder Bretteraufbau. Heidegger grenzt sich zwar von dieser Bedeutung explizit ab und definiert das Gestell neu als „Anspruch, der den Menschen dahin versammelt, das Sichentbergende als Bestand zu bestellen"[67]. Aber selbst in der Definition als *zu bestellender Bestand* drückt sich ein zu bedauernder Umgang des Menschen mit dem Seienden aus, der vormodern noch nicht gegeben war und der in der griechischen Philosophie vormals anders gedacht worden ist.

---

[66] Vgl. Heidegger M., „Die Frage nach der Technik", In: *Die Technik und die Kehre*, S.22.
[67] Ebd., S.19.

Wie lässt sich diese Ambivalenz auflösen? Ist ein Geschick nicht passiv anzunehmen, vielleicht in der Art wie man eine unabänderliche Lebenssituation annehmen muss? Ist die negative Begrifflichkeit lediglich trauriger Beiklang einer notwendigen Entwicklung? Aus unserer heutigen Denkweise gesehen impliziert eine negative Beschreibung sofort einen Zustand, der geändert werden sollte. Für Heidegger ist dies technisch gedacht; ihm geht es in erster Linie um eine Wesensbestimmung der Technik. Daraus versteht sich auch die Aussage: „Es gibt keine Dämonie der Technik, wohl dagegen das Geheimnis ihres Wesens."[68] Auch in einem späteren Fernsehinterview mit R. Wisser stellt Heidegger klar, dass er nicht gegen die Technik ist. Auch wenn die Technik den Menschen herausfordert und unfrei macht, kündigt sich in ihr ein neuer Bezug zum Sein an, der vielleicht ans Licht kommt.[69] Die Ambivalenz löst sich also zumindest teilweise darin auf, dass eine andere Denkweise nötig ist, um auf die von Heidegger angesprochene Gefahr im Herrschen des Gestells und dem Geheimnis zu antworten. Ambivalent wäre die *technische Antwort* auf Heideggers Seinsgeschick. Wie dieses neue Denken aussieht und worin das Rettende besteht, sagt Heidegger jedoch nur eingeschränkt. Er bietet keine fertigen Lösungsvorschläge an, sondern lediglich ahnungsvolle Andeutungen wie etwa aus der Dichtung Hölderlins: „Wo aber Gefahr ist, wächst Das Rettende auch."[70] Auch die Kunst sieht er als Ort möglicher Rettung, da sie mit der Technik die gleiche griechische Sprachwurzel in Form der τέχηε hat und ein anderes Entbergen verkörpert.

Wie würde Heidegger den Transhumanismus weiterhin beurteilen? Zunächst einmal würde er weniger einzelne Technologien einer Bewertung unterziehen und ethisch begutachten. Zwar äußerte er sich über den auf Stromerzeugung gestellten Rhein und die Möglichkeit, den Menschen nach Belieben zu gestalten und deutet in der Art seiner Beschreibung einen defizitären Modus des Umgangs an. Vermutlich würde es ihm jedoch mehr darum gehen, das Wesen dieser Entwicklung zu befragen: Was *zeigt* sich aus der Tatsache, dass der Mensch verbessert bzw. verändert werden soll und eventuell auch kann? Nichtsdestoweniger verwendet Heidegger - wie oben erörtert - suggestive Beschreibungen, auch im Zusammenhang der Benennung einzelner Technologien. Es bleibt also eine gewisse Verwirrung in den Äußerungen Heideggers, wenn er Technologie nicht

---

[68] Ebd., S.28.
[69] Vgl. Wisser R., Heidegger M., *Martin Heidegger im Gespräch*, S.73.
[70] Heidegger M., „Die Frage nach der Technik", In: *Die Technik und die Kehre*, S.28.

direkt kritisiert, aber dafür negativ konnotiert und es doch ablehnt vom Dämonischen der Technik zu sprechen. Vielleicht liegt darin die Unehrlichkeit in seinem Philosophieren von der seine ehemalige Geliebte H. Arendt in einem Brief an K. Jaspers geschrieben hat.[71] Wie dem auch sei, Heidegger prognostiziert prophetisch die Gefahren des Transhumanismus:

> Sobald das Unverborgene nicht einmal mehr als Gegenstand, sondern ausschließlich als Bestand den Menschen angeht [...], - geht der Mensch am äußersten Rand des Absturzes, dorthin nämlich, wo er selber nur noch als Bestand genommen werden soll. Indessen spreizt sich gerade der so bedrohte Mensch in die Gestalt des Herrn der Erde auf. [72]

Der Mensch wird selber zum *Bestand* und bloß manipulierbaren Stoff, die Grenze zwischen Maschinen und Lebewesen verschwindet.[73] Wie könnte der transhumanistische Grundgedanke von der Verbesserung und Neugestaltung des Menschen besser beschrieben werden? - *Der Mensch geht am äußersten Rand des Absturzes*. Ist man nicht intuitiv von der Ungeheuerlichkeit einer menschlichen Optimierung angesprochen? - *Der Mensch spreizt sich zum Herrn der Erde auf.* Wie ist die Besiedlung und Umgestaltung des Universums mit Computer- und Nanotechnologie anders zu interpretieren? – *Das Unverborgene geht nur noch als Bestand den Menschen an.* Wird nicht die Um-Welt nur noch als verfügbare und nutzbare Materie für menschliche Zwecke angesehen? Die Stärke von Heideggers Technikinterpretation liegt in seinen ahnungsvollen Beschreibungen des technischen Weltzustandes, die im Schlepptau einer unbequemen und nebulösen Begriffsverwendung immer wieder aufs Neue in ihrer Treffsicherheit überraschen. Wie lässt sich jedoch die Quelle weiter eingrenzen, aus der sich seine Erkenntnisse speisen, um zu einer weiter vertieften Kritik des Transhumanismus zu gelangen? Aufgrund der zwar dichten, aber kurzen Ausführungen in *Der Frage nach der Technik* soll auf diesem Weg mit dem *Humanismusbrief* ein weiteres Schlüsselwerk in der Spätphilosophie herangezogen werden, um Heideggers Denken der Technik und eine Kritik des Transhumanismus zu begründen.

---

[71] Vgl. Kapitel 3 dieser Arbeit.
[72] Heidegger M., „Die Frage nach der Technik", In: *Die Technik und die Kehre*, S.26.
[73] Vgl. Rosales-Rodriguez, A., S.40.

4.3 Über den Humanismus

Der Brief über den Humanismus ist ein entscheidender Text zum Verständnis von Heideggers Spätphilosophie und damit auch seiner Technikinterpretation. Ursprünglich ein Brief aus dem Jahre 1946 an J. Beaufret zur Beantwortung verschiedener Fragen, knüpft der *Humanismusbrief* an die Philosophie aus *Sein und Zeit* an und formuliert wesentliche Grundgedanken für sein späteres Denken. Die entscheidende Thematik ist durchgängig die Frage nach dem Sein geblieben: „Doch das Sein – was ist das Sein?"[74] Dieser Frage versucht sich Heidegger auf verschiedene Weise anzunähern und kommt dabei nicht selten auf Ab-, Um- oder Holzwege in Form mystifizierender Beschreibungen, unklarer Darstellungen oder verfehlten politischen Engagements. Die grundsätzliche Problematik besteht darin, dass ein Sagen vom *Sein* immer zu einer Aussage über Seiendes im Sinne der vorhandenen Dinge wird und das eigentliche Sein, d.h. *wie* etwas ist, unbedacht bleibt. Das Denken *verfällt* an das Seiende und verbirgt so die Nähe des Seins. Diese ontologische Differenz zwischen dem Sein und dem Seienden ist verständlich, jedoch bleibt selbst für Heidegger offen inwieweit das Sein bedacht, geschweige denn gesagt werden kann.[75] Das zugehörige Denken muss jedenfalls von anderer Art sein als das bisher herrschende Denken der Metaphysik, welches das Sein nur aus dem Seienden vorstellt und als etwas Allgemeines „oder als eine Schöpfung des unendlich Seienden oder als das Gemächte eines unendlichen Subjekts erklärt."[76]

In diesem metaphysischen Denken wird der Mensch zum Subjekt als Substanz des Seienden, dem die Objekte der Welt gegenüberstehen. Platon hat mit seiner Ideenwelt den Übergang von der ursprünglichen Wahrheit hin zur Richtigkeit des Aussagens vollzogen. Wahrheit ist damit keine Unverborgenheit des Seins mehr, sondern die Übereinstimmung der Vorstellung eines Subjekts mit der vorgestellten Sache. Insbesondere R. Descartes hat zu Beginn der Neuzeit den Subjektivismus mit seinem *cogito* weiter verschärft. Das Denken wird so zu einem „Vorstellen von Seiendem in seinem Sein, das sich das Vorstellen im Generellen des Begriffs zustellt."[77] Das Sein wird in der Form eines allgemeinen Begriffs zu einem Seienden degradiert und in seiner Wahrheit als Unverborgenheit vergessen. So kommt es,

---

[74] Heidegger, M., *Über den Humanismus*, S.19.
[75] Vgl. ebd., S.47.
[76] Ebd., S.26.
[77] Ebd., S.34.

dass das menschliche Subjekt dem Seienden als Beziehungsgeflecht von Ursache und Wirkung gegenübersteht und „zur Bezugsmitte des Seienden als solchen wird."[78] Auch der Humanismus steht in der Tradition dieses Denkens, indem er den Menschen als *animal rationale* vorstellt, d.h. objektiviert. Zwar ist die Bezeichnung als vernünftiges Lebewesen im Sinne der modernen Logik richtig: Es wird vorher definiert, was ein Lebewesen ist und worin die Vernunft liegt; nachträglich wird dann der Mensch unter dieser Definition subsumiert. So formuliert A. Luckner: „Jede Anthropologie fasst den Menschen schon so, als wäre er etwas Vorhandenes, letztlich also als ein Ding (als Träger mit bestimmten Eigenschaften)."[79] Diese Richtigkeit ist nach Heidegger in einer übergeordneten Wahrheit (Unverborgenheit) fundiert, die auch das Wesen des Menschen erst in einer eigentlichen Würde erfahren lässt.

> Jede Bestimmung des Wesens des Menschen, die schon die Auslegung des Seienden ohne die Frage nach der Wahrheit des Seins voraussetzt, [...], ist metaphysisch. Darum zeigt sich, und zwar im Hinblick auf die Art, wie das Wesen des Menschen bestimmt wird, das Eigentümliche aller Metaphysik darin, daß sie „humanistisch" ist.[80]

Um das eigentliche Wesen des Menschen nun nicht nur richtig, sondern auch wahr zu bestimmen, versucht Heidegger das Denken als Denken des Seins neu zu deuten. Die Sprache ist dabei nicht nur Mittel zur Kommunikation, sondern die ursprünglichere Dimension aus der heraus der Mensch dem Sein entspricht.[81] Erst mit diesem Denken wird der Bezug des Seins zum Wesen des Menschen vollbracht.[82] Mit diesem Denken steht und fällt die gesamte Philosophie Heideggers: Findet man keinen Zugang zur Frage nach der Wahrheit des Seins, so wird auch alles andere fragwürdig. Die Hauptschwierigkeit muss zwangsläufig darin bestehen, dass wir gewohnt sind, metaphysisch in der Subjekt - Objekt – Relation zu denken. Wir stellen uns das Sein als Gegenstand vor und formulieren dies auch sprachlich so: „Der Mensch ist der Hirt des Seins."[83] Das Sein wird grammatikalisch zu einem Objekt und damit unzugänglich. Heidegger versucht

---

[78] Heidegger, M., *Die Zeit des Weltbildes*, S.81.
[79] Luckner, A., *Heidegger und das Denken der Technik*, S.62.
[80] Heidegger, M., *Über den Humanismus*, S.12.
[81] Vgl. Heidegger, M., *Die Kehre*, S.40.
[82] Vgl. Heidegger, M., *Über den Humanismus*, S.5.
[83] Ebd., S.19.

dies durch neue Begriffsbildungen und -verwendungen zu vermeiden und damit gewissermaßen eine neue Sprache für das Denken des Seins zu (er-)finden. Das obige Zitat darf daher nicht im üblichen *metaphysischen* Sinn verstanden werden, genauso wie viele andere Formulierungen. Deswegen beinhaltet Heideggers Herangehensweise an die Seinsfrage keine Beweise und kausalen Begründungen, sondern lediglich *Grundfreilegungen* oder *Aufweisungen*. Dabei verkennt er nicht, dass diese Vorgehensweise dem Vorwurf der Beliebigkeit ausgesetzt ist und aus der Perspektive der erklärend arbeitenden Wissenschaft als vorwissenschaftlich deklariert werden muss. Erst die Neuzeit hat die Welt zu einem bestimmten Bild der subjektiven Vorstellung gemacht, in das alles Seiende passen muss, um als wirklich gelten zu können. Parmenides im Gegenzug hat das Seiende nicht als das für den Menschen Gegenständliche betrachtet, sondern als das *Aufgehende und Sichöffnende*.[84] Der Mensch ist danach eben *nicht* das Maß aller Dinge.

Im Gegenzug geht es aber auch nicht darum, den Offenbarungen von Meister Heidegger zu lauschen, sondern selbständig fragend in die Offenheit des Seins zu gelangen, wofür er verschiedene Hinweise gibt: Nachdem das Sein in Vergessenheit geraten ist, wartet *Es* nun darauf vom Menschen wieder entdeckt zu werden.[85] Der Mensch *west* nur, „indem er vom Sein angesprochen wird."[86] Erst in der Verdeutlichung dieses Anspruchs gelangen wir wieder in die Wahrheit des Seins. Der Mensch in seinem Wesen steht in diese Wahrheit hinaus: Er ek-sistiert und als diese Ek-sistenz steht er in der Lichtung des Seins.[87] „Die Lichtung selber aber ist das Sein".[88]

Ausgehend von dem Begriff der Lichtung lässt sich genauer darlegen, was Heidegger mit dem Gesagten meint. „Etwas lichten bedeutet: etwas frei und offen machen, z.B. den Wald an einer Stelle frei machen von Bäumen."[89] Lichtung bedeutet also *eine von Bäumen freie Stelle im Wald*. Bezogen auf die Verwendung des Begriffs durch Heidegger heißt dies nun, dass das Sein eine freie Stelle ist, in der etwas hervortreten kann wie etwa der Mensch in seiner Ek-sistenz. Der Mensch

---

[84] Vgl. Heidegger, M., *Die Zeit des Weltbildes*, S.83.
[85] Vgl. Heidegger, M., *Über den Humanismus*, S.13.
[86] Ebd., S.13.
[87] Vgl. ebd., S.13.
[88] Ebd., S.20.
[89] Heidegger, M., *Das Ende der Philosophie und die Aufgabe des Denkens*, S.80.

steht in dieser Offenheit und Unverborgenheit und findet erst in diesem Anspruch sein eigentliches Wesen. Nur in dieser Lichtung „übereignet sich das Sein dem Menschen"[90] als Geschick. Entscheidend ist nicht der Mensch, sondern das Sein, das sich als Lichtung dem Menschen schickt oder übergibt. Erst die Lichtung (als welche die Unverborgenheit gedacht werden muss)[91] ermöglicht auch überhaupt, dass Seiendes ist und Gegenstand bzw. Objekt der Metaphysik werden kann. Nur durch eine Lichtung kann Licht das Seiende erhellen und sichtbar machen. Das Sein muss daher wesenhaft weiter als Seiendes sein[92], bleibt jedoch bisher verborgen und Aufgabe des zukünftigen Denkens: „Woher aber und wie gibt es die Lichtung?"[93]

Auf dieser Lichtungsmetaphorik aufbauend versteht Heidegger auch die Sprache nicht nur als Kommunikationsmittel oder System von Aussagesätzen, sondern als etwas in dem sich das Sein übereignet: „Das Sein kommt, sich lichtend, zur Sprache - Es ist stets unterwegs zu ihr."[94] Und nicht der Mensch *hat* Sprache, sondern er *wohnt* in der Sprache als dem *Haus des Seins*. Er kann darin wohnen, weil er in die Offenheit der Lichtung hinaussteht, weil er *ek-sistiert*. Die Aufgabe des zugehörigen Denkens wäre es, das Sein wieder zur Sprache zu bringen und aus der metaphysischen Verborgenheit zu befreien. Dieses neue, als besinnlich bezeichnete Denken muss die Tradition der Metaphysik überwinden. Es ist weder praktisch noch theoretisch, es ist „das Andenken an das Sein und nichts außerdem. [...] Solches Denken hat kein Ergebnis. Es hat keine Wirkung. Es genügt seinem Wesen, indem es ist."[95] Doch was bedeutet dies für die Untersuchung des Transhumanismus?

4.4 Heidegger und der Transhumanismus – Teil 2

Das *Seins-Denken* Heideggers steht in starkem Kontrast zu dem was man für gewöhnlich als Denken bezeichnet. Das besinnliche Denken Heideggers erinnert eher an eine Art von Meditation oder Dichtung. Zwar verweist er auf keine religiöse

---

[90] Heidegger, M., *Über den Humanismus*, S.24.
[91] Vgl. Heidegger, M., *Das Ende der Philosophie und die Aufgabe des Denkens*, S.84.
[92] Vgl. Heidegger, M., *Über den Humanismus*, S.24.
[93] Heidegger, M., *Das Ende der Philosophie und die Aufgabe des Denkens*, S.90.
[94] Heidegger, M., *Über den Humanismus*, S.45.
[95] Ebd., S.42.

Tradition und lehnt die Gleichsetzung des Seins mit einem Gott oder Weltgrund ab, jedoch verweist er im *Humanismusbrief* auf die Möglichkeit, dass „das Dichten wahrer sei als das Erkunden von Seiendem."[96] *Man* ist es gewohnt solches Denken abzutun mit der Begründung, dass es nicht verifizierbar ist und im Sinne des gegenwärtigen Wellnesstrends bestenfalls der Entspannung und körperlich-geistigen Regeneration dient. Es kann daher nur versucht werden, dieses Denken zu lernen, um in die Nähe des Seins zu gelangen. Tatsächlich ist es um das gegenwärtige Denken so bestellt, dass es wissenschaftlich erklärend und rechnend-handelnd mit der Wirklichkeit umgeht. Greift man direkt das Beispiel der Meditation auf, so denkt man heute kaum mehr in Kategorien einer tieferen, eventuell religiösen oder dichterisch-besinnlichen Erfahrung, sondern stellt es auf den Nutzen für das Wohlbefinden und die damit verbundene Leistungsfähigkeit in Alltag und Beruf ab. Man *rechnet* mit dem Nutzen der Meditation. Der Transhumanismus treibt dieses Verfahren weiter, indem er utilitaristisch den Nutzen technologischer Entwicklungen weit in die Zukunft vorauskalkuliert. Dabei wird jedoch nicht bedacht, dass die Technik vielleicht ein Geschehen eigener Art ist und nicht bloß Mittel zum Zweck. Aber auch dort wo Risiken abgewogen werden, wird gerechnet wie darauf im Ernstfall zu reagieren wäre. Beispielhaft zu nennen wären die Überlegungen von N. Bostrom zu den Gefahren der Entwicklung künstlicher Intelligenz[97]. Er entwirft detailliert Möglichkeiten einer vagen technischen Entwicklung und wie darauf verantwortlich zu reagieren wäre. Darin drückt sich eine Haltung aus, die sich in der Lage sieht auf die technische Zukunft angemessen reagieren zu können. Der Mensch ist derjenige auf den es ankommt, er hat es im Griff auf potenzielle Gefahren zu antworten, um den prognostizierten Gewinn zu erschließen.

Für Heidegger ist aber nicht der Mensch das Wesentliche, sondern das Sein. Er würde die Kalkulation Bostroms als Haltung des *technisch-rechnenden Vorstellens* betrachten, als *verwahrlostes* Wollen und Tun in der Weise des Bestellens: „Alle Versuche, das bestehende Wirkliche [...] auf Verhängnis und Katastrophe [...] zu verrechnen, sind nur ein technisches Gebaren."[98] Bostrom bedenkt nicht, dass alles Seiende in einem weiteren, unkontrollierbaren Sein fundiert ist. Verfolgt man diesen Gedanken, so ist nicht vorherzusagen wie sich das Seiende in der Lichtung

---

[96] Ebd., S.46.
[97] Vgl. Bostrom, N., *Superintelligence*.
[98] Heidegger, M., „Die Kehre", In: *Die Technik und die Kehre*, S.45 f.

des Seins zeigen wird. Das anvisierte Ziel der Lebensverbesserung, z.B. durch die Entwicklung künstlicher Intelligenz, *kann* Realität werden, aber auch in das Gegenteil umschlagen. Heidegger würde vor allem zu bedenken geben, was denn das Ziel der Lebensverbesserung überhaupt seinsgeschichtlich anzeigt. Wissenschaftlich gesehen braucht man vorab in jedem Fall eine Vorstellung davon, was verbessert werden soll und inwiefern das Leben in seinem aktuellen Zustand defizitär ist. Darauf hat der Transhumanismus sofort eine Antwort parat: Die Therapie oder die gänzliche Vermeidung von Krankheiten und menschlichem Leid überhaupt. Lässt sich darauf mit Heideggers Denken antworten? Wer könnte schon das Ziel der Leidvermeidung in Frage stellen? Gelangt man nicht mit dem besinnlichen Denken in einen mittelalterlichen oder religiösen Fatalismus, der noch die schlechtesten Zustände als unabänderliches Geschick darstellt?

Heidegger gibt keine Antworten zu konkreten Problemen. Etwas als Problem zu betrachten mit der Implikation einer Lösung wäre für ihn wiederum technisch gedacht. Nichtsdestoweniger ist der Mensch vor Situationen gestellt, die eine Handlung erfordern. Handeln ist für Heidegger aber nicht das gewohnte *Bewirken einer Wirkung*, sondern das Vollbringen, d.h. *etwas in die Fülle seines Wesens entfalten*.[99] Wie kann mit diesem Handlungsverständnis z.B. die Frage beantwortet werden, ob der Mensch gentechnisch optimiert werden soll, wenn die technische Möglichkeit dazu besteht? Dazu ist zweierlei zu sagen:

1. Zum einen kommt es in obigem Sinne darauf an, wie gehandelt wird. Soll die gentechnische Optimierung nur eine nützliche Wirkung haben oder geht es darum, die Fülle des menschlichen Wesens zu entfalten? Damit würde die Entscheidung von der zugrundeliegenden Haltung abhängen. Fragwürdig ist hier sicherlich, ob damit nicht lediglich eine begriffliche Umformulierung vorgenommen wurde statt einer geänderten Denk- und Handlungsweise. Vielleicht hilft der Vergleich mit dem Herstellen bzw. Hervorbringen eines Kunstwerks: Ein hergestelltes Kunstwerk will lediglich Aufmerksamkeit oder Einkommen erzeugen; bei einem hervorgebrachten Kunstwerk geht der Mensch darin auf, er vollbringt es - ohne an den potenziellen Gewinn zu denken.

---

[99] Vgl. Heidegger, M., *Über den Humanismus*, S.5.

2. Zum anderen unterscheidet Heidegger in dem noch zu erörternden Vortrag über die Gelassenheit zwischen einer „unumgänglichen Benützung der technischen Gegenstände"[100] auf die wir angewiesen sind und einem Ablehnen der technischen Gegenstände von der Art, „daß sie uns ausschließlich beanspruchen und so unser Wesen verbiegen, verwirren und zuletzt veröden."[101] Technik wurde immer schon benutzt und wird auch zukünftig genutzt, sie darf aber nicht verabsolutiert werden.

Somit ergeben sich also durchaus praktische Anhaltspunkte oder zumindest zu bedenkende Fragen: Geht es bei der gentechnischen Optimierung lediglich um das Geschäft, den Gewinn eines international agierenden Unternehmens? Geht es um die Inanspruchnahme nötiger Technik zur Beseitigung einer Erbkrankheit? Wie ändert sich der Bezug des Menschen zum *Sein* bzw. zu dem, was *ist*?

Insbesondere die letzte Frage ist im Sinne Heideggers hervorzuheben. Denn die geplante Verbesserung berücksichtigt nicht das besinnliche Denken, sondern lediglich die rechnende Vernunft: Der Mensch soll *schneller* denken, Probleme *besser* lösen und überhaupt *logischer* werden, vergleichbar mit einem Computer. So wird das menschliche Gehirn als Datenverarbeitungsmaschine betrachtet und der Mensch insgesamt darauf reduziert. Damit verbunden ist - wenn überhaupt – nur eine eindimensionale Verbesserung hinsichtlich kognitiver Fähigkeiten mit der Folge einer weiteren Objektivierung von Mensch und Welt. Die eigentliche Gefahr des Transhumanismus liegt somit nicht in einer pragmatischen Anwendung von Technik zur Lebenserleichterung, sondern in einer Umgestaltung des Menschen zu einer rechnenden Maschine ohne Existenz, sei diese genetisch optimiert, mit Cyborg-Implantaten ausgestattet oder als Upload transferiert. In gleicher Weise gilt das für die emotionale Verbesserung. Der Reduktionismus dieser Art von Vorausplanung wird sogar noch deutlicher sichtbar, insofern als nur daran gedacht wird, dem Menschen eine oberflächliche Form von Glückseligkeit aufzuoktroyieren, wie es in Form von Medikamenten oder Drogen der Fall ist.

Der Mensch läuft Gefahr sein Wesen zu verlieren. Heidegger denkt dabei jedoch gerade *nicht* an eine irgendwie geartete Wesensnatur des *animal rationale*, die schon voraussetzt was sie beweisen will. Für ihn liegt das Wesen in der Lichtung

---

[100] Heidegger, M., *Gelassenheit*, S.22.
[101] Ebd., S.23.

des Seins: Der Mensch *ist* diese Lichtung.[102] Insofern ist das Tier „durch einen Abgrund von unserem ek-sistenten Wesen geschieden"[103]. Wenn das Tier nicht in die Lichtung hinaussteht, dann muss in der Evolutionsgeschichte ein Sprung stattgefunden haben, vom *Getier* hinüber zur Ek-sistenz des Menschen. Die menschliche Evolution wäre wissenschaftlich dann immer noch die Anpassung an äußere Lebensumstände, seinsgeschichtlich gedacht jedoch ein Ereignen der Wahrheit des Seins im Menschen.[104] Die Wissenschaft denkt den Menschen nur von seiner *animalitas* her und extrapoliert ihn auf eine etwaige transhumane Zukunft hin. Doch der transhumane Mensch mag noch so optimiert sein, er verharrt in der subjektiven Bearbeitung des Seienden und gelangt nicht in die Nähe des Seins. Er verliert sich im Rahmen einer genetischen oder kybernetischen Programmierung vielleicht endgültig und ist am Ende zwar zu einem Gott des Seienden geworden, aber in seinem Seinsbezug doch nicht mehr - oder sogar weniger - als ein Tier.

Den Transhumanismus muss also in verstärktem Maße dieselbe Kritik treffen wie den Humanismus. Nicht allein wegen der Bezeichnung als Trans-Humanismus und dem explizit statuierten Bezug zum Renaissance-Humanismus, sondern vor allem weil die Würde des Menschen nicht hoch genug angesetzt wird: Der Mensch wird nicht aus der Nähe zum Sein gedacht.[105] Vielmehr sieht der Transhumanismus den Menschen als Subjekt mit dauerhaftem Bewusstsein und technologisch variabler Körperlichkeit. Er setzt damit die Tradition der Metaphysik fort und bearbeitet zunehmend *aggressiv* das Seiende ohne das Sein in seiner Wahrheit zu bedenken. Auch das Aufstellen etwaiger Werte wie des gerechten Zugangs zur Enhancement-Technologie im Sinne einer utilitaristischen Optimierung des Gesamtwohls oder eines Gesundheitsideals ändern daran nichts. Heidegger sieht in allem Werten eine Subjektivierung, die „das Gewertete nur als Gegenstand für die Schätzung des Menschen"[106] zulässt. Bezüglich der Gesundheit wird auf diese Weise das Idealbild eines durchtrainierten, langlebigen und geistig hochintelligenten transhumanen Wesens skizziert und der bestehende Mensch daran gemessen: Er wird als fehlerhaftes Objekt abgewertet. Körperlich oder geistig behinderte Menschen trifft dies zwangsläufig in noch stärkerem Maße. Dabei können Menschen mit

---

[102] Vgl. Heidegger, M., *Über den Humanismus*, S.15.
[103] Ebd., S.15.
[104] Vgl. ebd., S.31.
[105] Vgl. ebd., S.29.
[106] Ebd., S.34.

Behinderung im Einzelfall sogar ein wesentlicheres Verhältnis zum Sein finden als in der Beschäftigung und Zerstreuung aufgehende Gesunde. Zu denken wäre etwa an einen tauben Menschen, der dem Gerede der Öffentlichkeit weniger stark ausgesetzt ist und so unabhängiger leben und reflektieren kann. Oder auch an einen todkranken Patienten, der seine letzten Lebenswochen intensiver erlebt als manch anderer sein ganzes Leben. Damit soll keiner Verherrlichung von Behinderung oder der Ablehnung alter und möglicher neuer medizinischer Hilfsmittel Vorschub geleistet werden. Vielmehr gilt es im Sinne Heideggers „gegen die Subjektivierung des Seienden zum bloßen Objekt die Lichtung der Wahrheit des Seins vor das Denken zu bringen"[107]. Die Möglichkeit und Art dieses Denkens im Gegensatz zur transhumanistischen Denkweise soll anhand des 1955 gehaltenen Vortrags mit dem Titel *Gelassenheit* weiterverfolgt werden.

4.5 Gelassenheit

> Die Bodenständigkeit des Menschen ist im Innersten bedroht. [...] Der Verlust der Bodenständigkeit kommt aus dem Geist des Zeitalters, in das wir alle hineingeboren sind.[108]

Der Vortrag zur *Gelassenheit* wurde vor einem größeren Publikum als Gedenkrede zum Todestag des Komponisten C. Kreutzer gehalten und enthält in allgemein verständlicher Form wesentliche Grundzüge von Heideggers Technikdenken. Das technische Denken bezeichnet er auch an dieser Stelle als rechnendes und stellt es dem eigentlichen, *besinnlichen* Denken gegenüber. Rechnen meint dabei nicht allein den Umgang mit Zahlen, sondern in einem weiteren Verständnis alles forschen, untersuchen und planen, kurzum die wissenschaftliche Tätigkeit in Verbindung mit deren ökonomischer und gesellschaftlicher Nutzbarmachung, „der Triumph der steuerbaren Einrichtung."[109] Dieses rechnende Denken hat seine Berechtigung und ist - wie die technischen Gegenstände selbst - nicht mehr wegzudenken.

Doch die entscheidende Gefahr dabei ist die Verabsolutierung des rechnenden Denkens und der Verlust des besinnlichen Nachdenkens. Beispielhaft dafür können

---

[107] Ebd., S.35.
[108] Heidegger, M., *Gelassenheit*, S.16.
[109] Heidegger, M., *Das Ende der Philosophie und die Aufgabe des Denkens*, S.73.

persönliche Lebensentscheidungen angeführt werden, deren Folgen oder Nutzen nicht berechnet werden können. Das berufliche Einkommen lässt in bestimmten Grenzen vorauskalkulieren, die Freude oder Zufriedenheit an einer bestimmten Tätigkeit kann bedacht werden, nicht jedoch monetär oder anderweitig quantifiziert werden. Heidegger sieht in der Verabsolutierung das Eigenste des Menschen bedroht, wenn dem sinnenden Nachdenken *nicht* mehr gefolgt wird.[110] Das Ergebnis wäre die fortgesetzte Gedankenlosigkeit, die als *unheimlicher Gast* bereits überall aus- und eingeht.[111] Er selbst veranschaulicht dies anhand der damals relativ neuen Atomtechnik, indem er deren Sinn nachdenkt. Dabei stellt er fest, dass nicht kalkulierbar ist, was diese Technik bringen wird und noch viel weniger sagbar, dass sie zu einem glücklicheren Leben führt wie die Wirtschaftsvertreter der Atomindustrie glauben machen wollten. Das Glück überhaupt wäre ein Beispiel für das Scheitern und die Sinnlosigkeit des rechnenden Denkens in bestimmten Zusammenhängen. Glück kann nicht gemessen werden, selbst wenn es im Rahmen des Utilitarismus versucht worden ist.

Heidegger datiert die Revolution der Weltansicht, die mit der modernen Technik einhergeht, im Europa des 17. Jahrhunderts:

> Jetzt erscheint die Welt wie ein Gegenstand, auf den das rechnende Denken seine Angriffe ansetzt, denen nichts mehr soll widerstehen können. Die Natur wird zu einer einzigen riesenhaften Tankstelle, zur Energiequelle für die moderne Technik und Industrie.[112]

Die technische Entwicklung wird sich beschleunigen und nicht mehr aufzuhalten sein, sie ist über den Willen des Menschen hinaus, weil sie nicht vom Menschen gemacht ist.[113] Heidegger spielt darauf an, dass die Technik in ihrem Wesen eben nicht nur ein Gebrauchsmittel des Menschen ist, sondern eine Weise des *Entbergens* oder des Seinsgeschicks, dessen Sinn sich jedoch verbirgt. Wir können als Menschen nicht in der Gesamtheit vorhersehen, was die Technik bringen wird. Vielmehr ist mit der modernen technischen Entwicklung sogar etwas in Gang gekommen, das unaufhaltsam voranschreiten wird und den Menschen sowohl zerstören als auch befreien kann. Die Zerstörung könnte durch die atomare

---

[110] Vgl. Heidegger, M., *Gelassenheit*, S.25.
[111] Vgl. ebd., S.11.
[112] Ebd., S.17 f.
[113] Vgl. ebd., S.19.

Vernichtung oder feindliche künstliche Intelligenz eintreten; Technik könnte aber auch die Befreiung von beschwerlicher Arbeit durch die Automatisation der Produktion bedeuten.

Durch Nachdenken „stehen wir jedoch sogleich im Bereich dessen, was sich uns verbirgt [...], indem es auf uns zukommt"[114]. Ohne weitere Erklärung wird dem Zuhörer dieser paradoxe Zusammenhang als *Geheimnis* offenbart. Wie kann etwas auf uns zukommen, ohne dass wir es merken? Indem wir nicht nachdenken und unaufmerksam sind, etwa wie ein Fußgänger, der das von der Seite kommende Fahrzeug nicht bemerkt und überfahren wird; oder wie der bevorstehende Klimakollaps, um den viele rechnerisch wissen, aber nur wenige sich davon in ihrem Verhalten angehen lassen.

Jedenfalls wird daraus deutlich, dass Heidegger die technische Entwicklung zwar in ihrer Absolutheit als Gefahr betrachtet, ihr aber trotzdem einen verborgenen Sinn zuweist. Technik ist kein *Teufelswerk* und heute unentbehrlich. Ohne den verborgenen Sinn der Technik zu kennen, plädiert er dennoch dafür, sich nicht in die völlige Abhängigkeit der technischen Gegenstände zu begeben und sie „auf sich beruhen [zu] lassen als etwas, was uns nicht im Innersten und Eigentlichen angeht"[115]. Diese *Gelassenheit zu den Dingen* in Verbindung mit der *Offenheit für das Geheimnis* soll uns einen anderen Aufenthalt in der Welt ermöglichen, einen nicht-technischen Bezug zu dem, was *ist*. Denn: „Solange wir nicht denkend erfahren, was *ist*, können wir nie dem gehören, was sein wird."[116] Wie lässt sich nun denkend in Erfahrung bringen, was der Transhumanismus *ist* und er bringen kann?

4.6 Heidegger und der Transhumanismus – Teil 3

Kann die Gelassenheit zu den Dingen in Verbindung mit dem besinnlichen Denken tatsächlich ein Gegenstück zur Übermacht des rechnenden Denkens und der Technik bilden und den Menschen retten? Muss nicht aktiv die Technik eingeschränkt und kontrolliert werden, vor allem im Bereich der militärischen Nutzung neuer Technologien? Hat nicht die Atomwaffenkontrolle wirksam einen verheerenden dritten Weltkrieg verhindert? Sicherlich sind solche Maßnahmen in der Weise technisch gedacht, dass der Mensch alles im Griff hätte. Aber bereits die

---

[114] Ebd., S.24.
[115] Ebd., S.22.
[116] Heidegger, M., „Die Kehre", In: *Die Technik und die Kehre*, S.46.

Entwicklung entzieht sich der menschlichen Kontrolle: Die Entwicklung der Atombombe war im zweiten Weltkrieg militär-strategisch so unumgänglich wie die Gentechnik heute medizinisch oder ökonomisch. Die Gentechnik wird multinational von staatlichen und privaten Forschungseinrichtungen vorangetrieben, um anschließend von international agierenden Konzernen wirtschaftlich vermarktet zu werden. Zwar treffen einzelne Menschen die Entscheidungen, aber aus einer äußeren Notwendigkeit heraus wie dem wirtschaftlichen Zwang Gewinn zu erzielen oder der militärischen Absicherung gegenüber Feinden. T.D. Kopriwitza bezeichnet die Technik insofern als „einen Pseudo-organismus, der spontan und jenseits aller Reflexivität eigene Zwecke, nämlich Zwecke der (transhumanen) Herrschaft über das Seiende im Ganzen generiert."[117] Auch A. Gehlen spricht von der Technik als einer *Superstruktur*[118], die den einzelnen Menschen in seinem Tun begleitet ohne dass er darüber Macht hat, ja überhaupt sich ihrer Gestaltungskraft bewusst ist. Tatsächlich ist also in der modernen, von Menschen betriebenen Technik etwas am Werk, was nicht dem Willen des Menschen unterliegt. Stehen wir dann durch die Besinnung darauf im Bereich des *Geheimnisses* wie Heidegger sagt?

Weiterhin lässt sich fragen, ob es ein besinnliches Denken in Abgrenzung zum rechnenden Denken überhaupt gibt. Das vorherrschende Denken wird als rechnend bezeichnet im Sinne der von Heidegger bedachten Objektivierung der Welt, vornehmlich seit der Neuzeit. Viele Phänomene der modernen Welt lassen sich damit erstaunlich gut beschreiben. Die Gentechnik *rechnet* mit großartigen Nutzungsmöglichkeiten, die sich aus ihr ergeben. Das Potenzial von zukünftiger Technik wird *hoch-gerechnet*. Die Rentabilität von - auch ökologischer - Technologie wird *be-rechnet*. Gerade die extremsten Transhumanisten *rechnen* mit fantastischen Möglichkeiten in der Zukunft: Längeres, ja sogar ewiges Leben, grenzenlose Ausbreitung im Universum, nicht zu vergessen die gesteigerte Glückseligkeit. Zum letzten Punkt zitiert Heidegger den damaligen Aufruf mehrerer Nobelpreisträger: „Die Wissenschaft – d.h. hier die moderne Naturwissenschaft – ist ein Weg zu einem glücklicheren Leben"[119]. Und kommentiert diese Behauptung als *besinnungslos*, weil sie den Ursprung der Wissenschaft und die darin verborgene Macht nicht bedenkt, die unser Verhältnis zu dem, was *ist*, bestimmt.

---

[117] Kopriwitza, T.D., S.40.
[118] Vgl. Gehlen, A., S.10 ff..
[119] Heidegger, M., *Gelassenheit*, S.17.

Noch ausdrücklicher kritisiert er die Aussage eines Chemikers bezüglich der Möglichkeit die lebendige Substanz nach Belieben ab- und aufzubauen, vergleichbar der Vision E. Drexlers die Materie mit Nanobots zu manipulieren. Heidegger sieht darin einen „Angriff auf das Leben und das Wesen des Menschen vorbereitet, mit dem verglichen die Explosion der Wasserstoffbombe wenig bedeutet"[120]. Die beliebige Umgestaltung der menschlichen Substanz mittels Technologie ist auch das Ziel der Transhumanisten und greifbarer denn je, so dass die Kritik Heideggers hochaktuell ist.

Was allerdings kritisiert Heidegger genau? Auf den ersten Blick erweckt seine Kritik auch hier den Eindruck, dass er dem Verlust einer bestimmten menschlichen Natur nachtrauern würde. Gerade aber die Idee eines *animal rationale* als menschliche Natur denkt das Wesen des Menschen wiederum nicht hoch genug, weil er eigentlich nicht Subjekt des Seienden ist, sondern *Ek-sistenz*. Der Transhumanismus spitzt die Idee des vernünftigen Lebewesens noch zu, indem der Mensch nur noch als *kohlenstoffbasierte* Ansammlung von Genen betrachtet wird, die nur richtig angeordnet werden müssen, um das Bewusstsein als Quintessenz des Subjekts zu optimieren. Der Sinn bleibt unbedacht. Die Rede vom besinnlichen Denken in Abgrenzung zum rechnenden darf also nicht als wissenschaftliche Kategorisierung verschiedener geistiger Prozesse betrachtet werden, sondern zielt auf eine vergessene, nicht-technische Sicht der Dinge. Der Vollzug des besinnlichen Denkens kann keine Technik des Denkens sein und wird daher von Heidegger auch nur in Andeutungen beschrieben:

> So brauchen wir denn auch beim Nachdenken keineswegs ‚hochhinaus'. Es genügt, wenn wir beim Naheliegenden verweilen und uns auf das Nächstliegende besinnen: auf das, was uns, jeden Einzelnen hier und jetzt angeht; hier: auf diesem Fleck Heimaterde, jetzt: in der gegenwärtigen Weltstunde.[121]

Neben der hauptsächlichen Intention, das Hauptwerk auf den Transhumanismus hin zu reflektieren, dient die Thematisierung der Daseinsanalytik im Folgenden auch dazu, diese Andeutungen und die gesamte Technikphilosophie Heideggers besser verstehbar zu machen.

---

[120] Ebd., S.20.
[121] Ebd., S.14.

5 Sein und Zeit

> Für die Erfassung des Seins des Seienden fehlen meist die Worte und vor allem die Grammatik.[122]

Das Hauptwerk Heideggers ist Fragment geblieben, nicht aus Mangel an verfügbarer Zeit, sondern aus Mangel an Willen. Heidegger hat Sein und Zeit nicht vervollständigt, weil er die *Seinsfrage* nicht mehr auf dem „zu anthropozentrischen"[123] Weg über das Dasein beantworten, sondern das *Sein* auf anderem Wege zur Sprache bringen wollte. Dennoch hat dieses Werk die Philosophiegeschichte maßgeblich beeinflusst und Heidegger gesellschaftlich berühmt gemacht. Trotz der komplizierten Begrifflichkeit hat er es durch seine Thematik der existenzialen Analytik des Daseins geschafft, der Philosophie einen neuen Boden in Aussicht zu stellen, auf dem sie wieder wurzeln kann. Denn das Problem der abendländischen Philosophie liegt im Grunde seit Aristoteles darin, dass die entscheidende Frage nach dem Sein seitdem nicht mehr gestellt wurde und wiedergeholt werden muss. Mit der Ausarbeitung der Frage nach dem Sinn von Sein über den Weg der Daseinsanalytik will Heidegger diesen Boden bereiten und die Philosophie auf ein neues Fundament stellen.

Dieses Fundament mag sich insgesamt nicht als tragfähig erwiesen haben, auch für Heidegger selbst. Dennoch bietet es in vielerlei Hinsicht entscheidende Kritik an der abendländischen Philosophie und auch der modernen Wissenschaft. J. Grondin stellt fest, „daß Heideggers Grundfaktum nicht das der Wissenschaft, sondern das des um sein Sein besorgten Daseins ist."[124] Daher lässt sich die Daseinsanalytik gewinnbringend für eine Kritik des Transhumanismus zu Rate ziehen. Aber nicht nur die Überlegungen zum *weltlosen* Subjekt, sondern auch das untrennbar mit Dasein und Welt gegebene *Existenzial* der Befindlichkeit stellen einen Gegenentwurf zum materialistischen Weltbild des Transhumanismus dar. Zuletzt ist die Todesanalyse ein wichtiger Baustein, um den modernen Unsterblichkeitsphantasien in ihrer Sinnhaftigkeit auf den Grund zu gehen.

---

[122] Heidegger, M., *Sein und Zeit*, S.39.
[123] Grondin, J., S.10.
[124] Ebd., S.9.

5.1 Überblick

Die Frage nach dem Sein ist in Vergessenheit geraten und seit der vorsokratischen Philosophie nie richtig thematisiert worden. Es wurde immer nur das Seiende beachtet und die ontologische Differenz sowie das Sein selbst nicht gewürdigt. Aber ist diese Frage nicht „nur das Geschäft einer freischwebenden Spekulation über allgemeinste Allgemeinheiten"[125]? Der Eindruck drängt sich auf und bleibt hartnäckig bestehen, denn das Sein ist selbst kein Seiendes. Jede Aussage über das Sein bewegt sich grammatikalisch in einer Struktur, die das *Sein* zu etwas *Seiendem* macht. Gemeint ist jedoch nicht das Sein als Objekt eines Sachverhalts, sondern was mit der Kopula *ist* in jedem Satz ausgedrückt wird: Der Himmel *ist* blau, die Stimmung *ist* gedrückt, ein Mensch *ist* gestorben. Alles Vorhandene, alle Realität und Geltung *ist* in irgendeiner Weise.

Wenn jedoch das Sein nicht direkt begriffen werden kann, dann ist die Frage berechtigt, ob überhaupt das *Sein* sinnvoll thematisiert werden kann. Heidegger versucht dies, indem er den Fragesteller der *Seinsfrage* auf sein Sein befragt. Damit ist der berühmt gewordene Begriff des Daseins geboren, der grundlegend für die Ausarbeitung der Seinsfrage ist: „Dieses Seiende, das wir selbst je sind und das unter anderem die Seinsmöglichkeit des Fragens hat, fassen wir terminologisch als *Dasein*."[126] Das Dasein ist also dadurch ausgezeichnet, dass es sich selbst auf sein Sein befragen kann und bereits in einem Seinsverständnis bewegt. Zwar ist dieses Verständnis integraler Teil des Daseins, zunächst und zumeist jedoch verborgen.

Alltäglich besteht die Tendenz, sich aus dem Seienden heraus zu verstehen und die ontologische Struktur der Existenz zu übersehen. *Existenz* ist dabei das Sein selbst, „zu dem sich das Dasein so oder so verhalten kann und immer irgendwie verhält"[127]. Existenz hat keine vorhandenen Eigenschaften, sondern ihr Wesen liegt in den möglichen Weisen *zu sein:* Dasein ist kein Exemplar einer Gattung von Seiendem, es *ist* seine Möglichkeit und hat sie nicht nur eigenschaftlich.

Damit das Phänomen der Existenz angemessen verstanden wird, muss das Dasein in seiner Alltäglichkeit analysiert und der Grund für die Verborgenheit der ontologischen Struktur des Daseins freigelegt werden. Dies kann jedoch nicht

---

[125] Heidegger, M., *Sein und Zeit*, S.9.
[126] Ebd., S.7.
[127] Ebd., S.12.

deduktiv geschehen, sondern nur phänomenologisch, d.h. indem das Phänomen als das *Sich-an-ihm-selbst-zeigende* in den Blick kommt. „Ontologie ist nur als Phänomenologie möglich."[128]

Aus der Perspektive der Wissenschaft als *Begründungszusammenhang wahrer Sätze* mutet dieses Vorgehen subjektivistisch an und ohne objektive Kriterien. Dabei wird vergessen, dass den einzelnen Wissenschaften selbst eine Ontologie zugrunde liegt, die in der Regel nicht eigens thematisiert wird: *Die Wissenschaft denkt nicht* ist dazu die lapidare Bemerkung Heideggers und gerade darin liegt ihr *Vorzug*, denn nur durch die Anwendung einer zunächst fixierten Begrifflichkeit und Theorie sind Erkenntnisse wissenschaftlich möglich. Allerdings muss die Wissenschaft immer wieder kritisch auf ihr ontologisches Fundament befragt werden, um ihre eigenen Grundlagen zu sichern. Überhaupt muss vor jeder Wissenschaft das Dasein analysiert werden, denn die Wissenschaft ist eine Verhaltung des Menschen und als solche eine mögliche Seinsweise, jedoch nicht die einzige. So kann der Mensch als Seiendes, das er *auch* ist, durchaus als *animal rationale* im Sinne der traditionellen Anthropologie definiert werden, solange die Existenzialität des Daseins nicht aus dem Blick gerät. Vor jeder Wissenschaft müssen die Seinsweisen des Daseins geklärt sein: die *Existenzialien*. Diese sind abzugrenzen von den Kategorien als Seinsbestimmungen von nicht daseinsmäßig Seiendem und sind in unzulässiger, aber in gewohnter Weise auf das Dasein übertragen worden, wie sich zunächst am Phänomen der Weltlichkeit der Welt zeigen wird.

5.2 Weltlichkeit der Welt

Entsprechend der kategorialen Einteilung etabliert sich auch ein Begriff von Welt als Behältnis oder Container, in dem alles Seiende anzutreffen ist. Die innerweltlichen Dinge sind an einem bestimmten Raumpunkt vorhanden und stehen dem erkennenden Dasein gegenüber. Nach R. Pocai sind damit zwei Defizite des ontischen Begriffs von Welt angesprochen: Erstens die Identifikation des innerweltlich Seienden mit der Welt und zweitens die Produktion eines reinen Verstandsbegriffs ohne Erfahrung.[129]

---

[128] Ebd., S.35.
[129] Vgl. Pocai, R., S.54.

Ontologisch gesehen wird mit der Welt als Verstandesbegriff die Substanzialität als das eigentlich Seiende angesetzt, als grundlegendes Element der Wirklichkeit, das ständig am Körperding verbleibt. Substanzen werden über ihre Attribute zugänglich, vor allem in Form der Ausdehnung als Länge, Breite und Tiefe. Andere Attribute können variieren, doch seit Descartes wird die Ausdehnung als Grundbestimmung der Welt angesetzt, weil kein Gegenstand ohne Ausdehnung gedacht werden kann. Über die *res extensa* als ontische Eigenschaft zur Erklärung der Idee von Substanzialität wird diese dadurch zur ontologischen Grundlage der Welt gemacht.[130] Doch das *Sein* lässt sich nicht durch Attribute eines Seienden beschreiben, die *Weltlichkeit der Welt* wird ungeklärt vorausgesetzt. So ergibt sich auch die klassische Erkenntnisproblematik: Wie kann das Subjekt als *res cogitans* die ausgedehnten Objekte der Außenwelt erkennen? Wie kann die Außenwelt bewiesen werden? Heidegger sieht den eigentlichen Skandal der Philosophie darin: „*daß solche Beweise immer wieder erwartet und versucht werden.*"[131] Er spielt damit auf Kant an, der gerade im fehlenden Beweis der Außenwelt den Skandal sah. Doch Kant vergisst mit dem *Ich denke* die Intentionalität des Bewusstseins, d.h. es muss immer *etwas* gedacht werden und eine Welt von Hause aus schon vorausgesetzt werden. Nicht das *Cogito* sichert die Welt, sondern das *sum*. Vornehmlich seit Descartes wird das Denken dem Sein vorgelagert und aus Vorstellungen und Ideen abgeleitet. Mit diesem *weltlosen* Ich ist dem Dasein jedoch nicht gerecht zu werden, „weil es in seinem Sein je schon *ist*, was nachkommende Beweise ihm erst anzudemonstrieren für notwendig halten."[132]

Doch wie lassen sich diese Beweise vermeiden? Heidegger geht dabei auf das alltägliche Sein des Menschen zurück, denn zunächst findet man sich selbst in Tätigkeiten des Brauchens und Besorgens von umweltlich Zuhandenem, wie etwa: Der Einkauf wird besorgt, um Mittag ein bestimmtes Gericht kochen zu können. Oder: Um in die Arbeit zu kommen, muss das Auto in der Garage benutzt werden, usw. Heidegger sieht den Menschen damit nicht als neutrales Subjekt im Raum-Zeit-Kontinuum, sondern als in der alltäglichen Welt im Besorgen verwurzeltes Seiendes an, dem es dabei um sich selbst geht: Darum, dass das Essen auf dem Tisch steht, dass man pünktlich zur Arbeit kommt, aber auch um existenzielle

---

[130] Vgl. Heidegger, M., *Sein und Zeit*, S.94.
[131] Ebd., S.205.
[132] Ebd., S.205.

Fragen bezüglich des zukünftigen Seinkönnens. „Dasein ist immer schon in einer Situation und bewegt sich gewöhnlich in eine neue Situation, indem die vergangene Erfahrung organisiert, was als nächstes relevant wird."[133]

Der Mensch *ist* seine Existenz und zwar nicht im Sinne einer Eigenschaft, die ihm zukommen kann, sondern die er selbst *ist*: Dasein *ist* Existenz. Aufgrund seiner philosophiehistorischen Verwendung spricht Heidegger typischerweise nicht vom *Menschen*, weil damit bestimmte Eigenschaften vorausgesetzt werden, die erst zu klären sind. Außerdem soll mit Begriff *Dasein* der prozessuale Charakter[134] herausgestellt werden. Dasein ist keine Substanz, Dasein ist Vollzug der eigenen Seinsmöglichkeiten. Als solcher Vollzug ist Dasein immer schon *in der Welt*: Nicht nur als vorhandenes Seiendes, vielmehr im „*Umgang in* der Welt und *mit* dem innerweltlichen Seienden"[135]. Alltäglich ist der Mensch also kein theoretisch erkennendes Subjekt, das sich immer erst überlegt was als Nächstes am optimalsten zu tun wäre, sondern eingebettet in ein praktisches Tun zur Bewältigung anstehender Aufgaben oder Besorgungen. Heidegger spricht von der dem Dasein zuhandenen, nicht daseinsmäßigen Dinge im Gegensatz zur Vorhandenheit von Seiendem, das zunächst nicht gebraucht werden kann. Typischerweise kommt die Vorhandenheit dann zum Ausdruck, wenn der Zusammenhang des Zuhandenen gestört ist, z.B. wenn das Auto nicht anspringt. Normalerweise beachtet man das Auto nur insoweit, als es zum Transport notwendig ist und führt die entsprechenden Tätigkeiten zum Fahren aus. Wenn das Auto nun nicht anspringt, ist der Funktionszusammenhang gestört und es fällt als nur noch vorhanden auf. Das Vorhandensein wäre danach für das Dasein nicht der ursprüngliche Seinsmodus des Seienden (Beispiel Auto), sondern die Verwendungsmöglichkeit (Zuhandenheit des Autos zum fahren) des *Zeugganzen*. Das vom defekten Auto betroffene Dasein wird sich nicht wissenschaftlich mit den möglichen Fehlerursachen befassen, sondern eventuell den Bus nehmen oder mit dem Fahrrad fahren. Jedoch ist damit der Ausgangspunkt gefunden, an dem die Dinge in der Welt vorfindlich und Gegenstand der wissenschaftlichen Analyse werden können.

---

[133] Dreyfus, H.L., S.82.
[134] Vgl. Jahraus, O., S.125.
[135] Heidegger, M., *Sein und Zeit*, S.66.

Damit gewinnt das Dasein einen „neuen *Seinsstand* zu der im Dasein je schon entdeckten Welt."[136] Dieser Seinsstand hat spätestens seit Descartes die Führung übernommen und das mathematisch-naturwissenschaftliche Weltbild ausgebildet, in dem das Dasein zum Subjekt degradiert und die Welt auf Objekte reduziert wird. Ursprünglich ist Dasein „immer schon ‚draußen' bei einem begegnenden Seienden der je schon entdeckten Welt."[137] Da-sein ist *In-der-Welt-Sein* bzw. Welt ist konstituierend für Dasein. Ohne Welt wäre kein Besorgen möglich. „Dasein ist nie ‚zunächst' ein gleichsam in-sein-freies Seiendes, das zuweilen die Laune hat, eine ‚Beziehung' zur Welt aufzunehmen."[138] Das *In-Sein* ist damit keine Eigenschaft des Da-seins, sondern wie die Welt ein Existenzial: Dasein ist *In-(der-Welt-) Sein*, es geht gewohnt-vertraut mit innerweltlich Seiendem um. Die Wissenschaft kann zwar das Funktionieren der vorhandenen Natur erklären sowie die Eigenschaften und das Verhalten der Dinge, nicht jedoch die Bedeutsamkeit der Lebensvollzüge für den Menschen und das Verständnis dafür, *wie* etwas ist.[139]

Nach A. Rosales-Rodriguez ist mit der Unterscheidung zwischen Vor- und Zuhandenheit bereits der Grundstein für die spätere Technikkritik gelegt, die den Menschen nur noch zum vorhandenen Objekt der Forschung macht und die ursprüngliche Dimension des Da-Seins unterschlägt.[140] Die Kritik am Transhumanismus aus der Perspektive von *Sein und Zeit* geht daher mit der Weltlichkeitsanalyse in eine ähnliche Richtung.

5.3 Heidegger und der Transhumanismus – Teil 4

Das Problem fortgesetzter wissenschaftlicher Tätigkeit liegt in der zunehmenden Entweltlichung des Daseins. Zwar bleibt Dasein existenzial *In-der-Welt* und kann seine Weltlichkeit immer wieder neu entdecken, jedoch ist nicht ausgeschlossen, dass der Mensch immer stärker als Vorhandenes fixiert wird und seine Existenz im Sinne des *Seinkönnens* einbüßt. Klar ist, dass die Wissenschaft den Menschen zunächst als Objekt mit substanziellen Eigenschaften betrachtet. Physikalisch besteht er aus miteinander wechselwirkenden Atomen und Molekülen, die

---

[136] Ebd. S.62.
[137] Ebd., S.62.
[138] Ebd., S.57.
[139] Vgl. Dreyfus, H.L., S.87.
[140] Vgl. Rosales-Rodriguez, A., S.9 f..

chemisch Verbindungen eingehen und auf biologischer Ebene das Phänomen des Lebens konstituieren. Das menschliche Leben wiederum wird als *animal rationale* Gegenstand der Psychologie oder Anthropologie. Die moderne Wissenschaft fundiert demnach den Menschen und das innerweltlich Seiende insgesamt in der materiellen Natur, bestehend aus elementaren Teil(ch)en. Darauf bauen sich die anderen Schichten auf und begründen die quantitativen und qualitativen Eigenschaften des ausgedehnten Dinges.[141]

Entsprechend kann zumindest die Naturwissenschaft gar nicht anders, als auch den Menschen in seinem Sein auf eine ständige substanzielle Vorhandenheit zu reduzieren. Bis vor kurzer Zeit hatte dies noch keine praktischen Konsequenzen, insofern der Mensch in seiner Seiendheit technisch nicht direkt modifizierbar war und *lediglich* Objekt gesellschaftlicher Experimente gewesen ist. Mit Hilfe der Gentechnik und anderer Technologien deutet sich nun die direkte Realisierung einer substanziellen Modifikation des Menschen an. Der Mensch wird dabei nicht in seinem Da-Sein gesehen, sondern eben in jener materiellen Substanz, deren Eigenschaften unter Umständen beliebig manipuliert werden können.

Warum sollte damit ein Problem einhergehen? Zunächst einmal geht es im Sinne Heideggers auch hier nicht in erster Linie darum, einzelne technische Verfahren und Technologien zu kritisieren. Die Gentechnik sowie die simple Technik des Hammers sind Arten des menschlichen Umgangs mit innerweltlich Seiendem und entstehen prinzipiell auf gleiche Weise: Aus der Störung des Bewandtniszusammenhanges wird etwas als etwas vorfindbar, sei es die fehlende Gesundheit in der Gentherapie oder das fehlende Werkzeug zum Einschlagen von spitzen Gegenständen. Und nur weil Dasein sich immer schon im vertrauten Umgang mit der Welt befindet, weil es in-der-Welt *ist*, kann es die technischen Erfindungen überhaupt in das Besorgen integrieren. So werden die erstaunlichsten Errungenschaften binnen kürzester Zeit alltäglich. Problematisch wäre also nicht die Seinsweise der Vorhandenheit als solche, sondern deren Absolutsetzung durch die Wissenschaft.

Andere Seinsweisen werden als *un-* oder *vor*-wissenschaftlich abqualifiziert und als empirisch nicht verifizierbar dargestellt. Diese Tendenz zeigt sich beispielhaft in dem weitgehenden Vertrauen auf das Potenzial medizinischer Forschung: Man erwartet die Heilung aller Krankheiten der körperlichen Substanz bis hin zur

---

[141] Vgl. Heidegger, M., *Sein und Zeit*, S.98 f..

transhumanistischen Beseitigung der Endlichkeit. Eine Krankheit und das Altern sind Ausdruck des Mangels an Fortschritt und können nicht in ihrem Sein belassen werden. Sogar der Tod selbst wird zum Ausdruck medizinischen Fehlverhaltens und wissenschaftlichen Versagens. Der Transhumanismus insgesamt ist Ausdruck der Absolutsetzung des wissenschaftlichen Vorhandenheitsdenkens, in dem alles zur Disposition steht. Das heißt in der Umkehrung nicht, dass Heidegger alles im vorgegeben Sein belassen will. Er möchte aufzeigen, dass dieser Seinsweise ein ursprünglicherer und eigentlicher Umgang mit den Dingen vorausgeht, der in der Ontologie der Vorhandenheit verloren geht. Nach A. Luckner ist mit dem eigentlichen Umgang weniger gemeint, *was* jemand unternimmt als vielmehr *wie* er dies tut: Dasein existiert eigentlich, wenn es eine selbst-bestimmte, eigengesetzliche Richtung hat und uneigentlich, wenn es sich auf gegebene Regeln verlässt.[142]

Mit der Vorhandenheit wird nach Heidegger die Welt in ihrer Weltlichkeit übersprungen, das Dasein wird weltlos. Doch wie ist die Gefahr der Weltlosigkeit aufgrund einer Verabsolutierung der Substanzontologie genauer zu verstehen? Warum spricht Heidegger von einer „Verengung der Frage nach der Welt auf die nach der Naturdinglichkeit als dem zunächst zugänglichen, innerweltlichen Seienden"[143]? Übersehen wird damit die Bedeutsamkeit und der Verweisungszusammenhang der Welt, d.h. die Weltlichkeit. Diese Bedeutsamkeit gehört ontologisch-existenzial zum Dasein und ist die ontische Bedingung dafür, dass Entdeckbarkeit möglich wird.[144]

Neben dem direkten umsichtigen Besorgen des Zuhandenen lässt sich zur weiteren Verdeutlichung der Bedeutsamkeit das Phänomen des Raumes als Konstituens von Welt darstellen. Das Zuhandene ist nicht durch die gemessenen Abstände festgelegt, sondern durch die Bedeutsamkeit des jeweils Gebrauchten: Beim Essen ist mir die aus der Küche benötigte Gabel *näher* als der bloß unmittelbar am Tisch liegende Stift. Dasein *ent-fernt* benötigte Dinge und bringt sie aus der Ferne in seine Nähe, Dasein *räumt ein*, d.h. es erschließt Raum. „Der Raum befindet sich nicht im Subjekt, noch betrachtet dieses die Welt, *als ob* sie in einem Raum sei, sondern [...] das Dasein [...] ist in einem ursprünglichen Sinn räumlich."[145]

---

[142] Vgl. Luckner, A., „Wie es ist, selbst zu sein", In: *Martin Heidegger. Sein und Zeit*, S. 154 f..
[143] Heidegger, M., *Sein und Zeit*, S.100.
[144] Vgl. ebd., S.87.
[145] Ebd., S.111.

Die Vorstellung vom Subjekt als bloßen Raumpunkt ohne weltliche Verknüpfung setzt zu wenig voraus, um die bereits gegebenen Bezüge in der Welt wiederherzustellen; sie müssen existenzial zum Dasein gehören, damit sinnhafte Verweisungen möglich sind. Zwar lassen sich nachträglich dem Subjekt etwaige Eigenschaften anheften, doch wird dies nicht der existenzialen Situation des Daseins gerecht. Das Besorgen des Daseins ist kein Attribut einer vorhandenen Substanz die als Dasein bezeichnet wird, sondern das Dasein *ist* dieses Besorgen. Weiter gefasst interpretiert Heidegger insgesamt das Dasein als Sorge, nicht nur im Sinne des *sich kümmerns um*, sondern auch des ängstlichen *sich sorgens* sowie als *Fürsorge* für die Anderen. Genauso sind die Anderen nicht außerhalb eines isolierten Ichs gegeben, sondern immer schon mit da. „Auch das Alleinsein des Daseins ist Mitsein in der Welt."[146] Das Dasein ist als *In-der-Welt-Sein* mit der Struktur der Sorge verklammert: Dasein *ist* Sorge.

Diese existenziale Sorgestruktur wird aufgehoben, wenn Dasein lediglich als leeres Subjekt mit nachträglich angehefteten Eigenschaften gefasst wird. Genauso verfährt jedoch die Wissenschaft. Zuerst wird nur der ausgedehnte Körper genommen und mit einem Geist gefüllt. Je nach Gestalt und Eigenschaften ergeben sich dann abgeleitete Folgeerscheinungen, die mit der Realität mehr oder weniger übereinstimmen und empirisch überprüft werden können. Der Transhumanismus entwirft nun nicht nur einen hypothetischen Menschen in der Theorie - etwa um menschliches Verhalten vorherzusagen - sondern geht daran, dieses weltlose Subjekt aus Atomen und Molekülen konkret zu realisieren. Dem geplanten Menschen mit wohldefinierten Eigenschaften steht nichts mehr im Wege! Die Neuschaffung des Menschen muss zwangsläufig der Umgestaltung der Natur folgen und ist damit unumgänglich.

Doch Da-sein kann nicht einfach aus Seiendem zusammengesetzt und erklärt werden. Dasein ist wesentlich *Seinkönnen*, d.h. Existenz, und als solches frei für seine eigensten Möglichkeiten. Ein Entwurf des Menschen gibt diese jedoch schon vor! In der Idee *Mensch* ist schon alles enthalten, was nachher aus ihm werden soll. Die oberflächlich betrachtet freie Wahl der verbesserten menschlichen Zukunft im Transhumanismus gibt bei genauerem Hinsehen lediglich vorgefertigte Optionen der Leidvermeidung und Lustoptimierung vor. Die möglichen Bezüge der Welt

---

[146] Ebd., S.120.

werden auf ein enges Spektrum gebündelt. Der transhumanistische Mensch wird vielleicht nicht welt-los, in jedem Fall aber welt-arm.

Wenn Heidegger mit seiner Analyse richtig liegt, dann muss sich die wissenschaftliche Verengung der Seinsweisen auch im Alltag des gegenwärtigen Menschen niederschlagen. An welchen Phänomenen ist diese Entwicklung beobachtbar? A. Luckner formuliert die Vermutung, dass es durch den Gebrauch einer Technik erforderlich wird, sich selbst von der Technik *in Gebrauch nehmen zu lassen*. Als Beispiel benutzt er Fertiggerichte: Nur wer weniger Zeit für das Kochen aufwenden will, also entsprechend *ein*-gestellt ist, kann mit dem entsprechenden Angebot im Supermarkt etwas anfangen.[147] Überhaupt bedeutet der Einkauf im Supermarkt ganz andere Bezüge zur Nahrung und damit zur Umwelt als es früher bei regional-landwirtschaftlicher (Eigen-)Produktion der Fall war: Das im Supermarkt gekaufte Fleisch ist weitgehend losgelöst von dem dahinterstehenden Tier, die als tragisch im Fernsehen *virtuell* beobachteten Unglücksfälle haben eine andere Qualität als die in der Umwelt *real* miterlebten.

Die wissenschaftlich vorangetriebene Technisierung verändert also vielfältig die Seinsweise des Menschen. Doch kann man darin das Phänomen einer Weltlosigkeit sehen? Betrachtet man den angesprochenen Fleischkauf, so wird das eventuelle Leid des Tieres bei der Haltung und Schlachtung im Supermarkt kaum gewärtig, die virtuell miterlebten Unglücke lassen auch bei real erlebten Unfällen eine mögliche Hilfsbeteiligung leicht ausblenden. Das Mitsein der Anderen, die Tiere der Umwelt und die Umwelt an sich wird mehr und mehr über digitale Medien, d.h. *virtuell* erfahren und damit *irrealer* und *bedeutungsärmer*. Als weiteres Beispiel könnte das Autofahren herangezogen werden: Im Straßenverkehr sieht man nur die anderen Autos und kaum die am Steuer sitzenden Personen. Entsprechend gleitet das Mitsein von Autofahrern leicht in einen objektivierenden Umgang ab, die jeweils anderen Fahrer werden nur noch als Gegenstände wahrgenommen. Mit der Integration kybernetischer Technik wie Gehirnimplantaten o.ä. in den Körper wird sich die Tendenz der Weltverengung sicher noch weiter verstärken. Zudem bieten die neuen Körpertechnologien ungeahnte Möglichkeiten, den Menschen auf emotionaler Ebene zu beeinflussen und gewissermaßen in seiner *Sorgestruktur* neu auszurichten. Zwar ist die Sorge selbst bei Heidegger nichts Ontisches, sondern ein ontologisches Existenzial des Daseins und kann insofern nicht verloren gehen.

---

[147] Vgl. Luckner,A., *Heidegger und das Denken der Technik*, S.13.

Jedoch ist in der Figur des *Verfallens* - als weiterem Existenzial - die Möglichkeit angelegt, in eine uneigentliche Erschlossenheit der Welt zu geraten, aus der es zunächst und zumeist kein Entrinnen gibt. Eine technologische Manipulation des Menschen hin auf *positive* Gefühle würde die Tendenz des Verfallens erheblich verstärken und eine eigentliche, selbstbestimmte Existenz wesentlich erschweren.

Das Verfallen ist nach Heideggers eigener Aussage nicht herabziehend gemeint. Auch wenn man seinen Selbstauskünften nicht immer vertrauen kann[148] ist das Verfallen ein wesentliches Konstitutivum des Daseins selbst und kann nicht durch etwaige Maßnahmen beseitigt werden. Zum einen ist damit das Aufgehen in den alltäglichen Besorgungen gemeint, etwa der wöchentliche Supermarkteinkauf, zum anderen aber auch die Übernahme gesellschaftlicher Normen und Handlungsmuster, die meist nicht hinterfragt werden. Für die Internalisierung der Normen und die Zerstreuung in die alltäglichen Besorgungen verwendet Heidegger den Begriff des *Man-selbst*: „Das Selbst des alltäglichen Daseins ist das *Man-selbst*, das wir von dem *eigentlichen*, das heißt eigens ergriffenen *Selbst* unterscheiden. Als Man-selbst ist das jeweilige Dasein in das Man *zerstreut* und muß sich erst finden."[149] Das *Man* gibt damit bestimmte Verhaltens- und Handlungsweisen vor, die nur unter bestimmten Voraussetzungen hinterfragt und geändert werden.

Auch die wissenschaftliche Sicht auf die Welt ist zu einer Norm und festgefügten Sichtweise geworden, die unhinterfragt hingenommen wird. *Man* sieht den Menschen nicht mehr als Geschöpf im göttlichen Kosmos wie im Mittelalter oder als Teil der Natur wie in technisch primitiveren Kulturen, sondern in starkem Maße losgelöst von der praktischen Umwelt, beschrieben in den Begrifflichkeiten der jeweiligen Einzelwissenschaften mit ihrer je eigenen Welt-Vorstellung. *Man* glaubt gewissermaßen an die Wissenschaft ohne u.U. ein Verständnis der jeweiligen Grundlagen zu haben.

Dieses Verfallen an das *Man* bzw. an die Welt dient der Seinsentlastung, weil alltäglich nicht jedes Tun und Denken hinterfragt werden kann, aber auch der Beruhigung des Daseins vor dem Hintergrund der Unheimlichkeit des In-der-Welt-

---

[148] Vgl. Demmerling, C., S.113.
[149] Heidegger, M., *Sein und Zeit*, S.129.

Seins. Das alltägliche Dasein nähert sich scheinbar der puren Vorhandenheit oder Dinghaftigkeit an, bleibt jedoch grundsätzlich davon verschieden.[150]

Dies würde bedeuten, dass es für den Menschen immer möglich ist, sich aus der Verfallenheit zu befreien und zwar hin auf einen eigentlichen Selbstentwurf. Der Mensch als Dasein *ist* seine Möglichkeit, die er nicht verlieren kann. Für die transhumanistischen Zukunftsszenarien bedeutet dies zweierlei.

Erstens bleiben die technischen Zukunftsvisionen ungewiss, insofern Dasein frei ist, sich auf ganz andere Zukünfte zu entwerfen. So spannt sich ein weites Spektrum auf, von der Rückkehr zu einer Lebensweise im Einklang mit den Abläufen der Natur bis hin zur gegenseitigen Vernichtung in einem potenziellen Atomkrieg oder der Zerstörung aller organischen Materie durch Nanobots.

Zweitens mag immer die Möglichkeit einer Veränderung bleiben, doch ist es denkbar, dass diese soweit durch das *Man* verschüttet ist, dass ein eigentlicher Entwurf des Daseins sehr schwierig wird. Vielleicht vergleichbar einem Alkoholiker, der sich nicht mehr von seiner Sucht befreien kann, ist der technisch optimierte Mensch so auf seine neue Seinsweise fixiert, dass Alternativen gar nicht mehr gedacht werden können. Beobachten lässt sich dies an der wissenschaftlichen Ausrichtung der Gesellschaft. Bereits in der Schulbildung wird Dasein auf eine einseitig rationale Ausrichtung trainiert, um dann effizient Berufs- und Privatleben nach ökonomischen Richtlinien zu besorgen. In der alltäglichen Kommunikation versucht man *rational* und *logisch* zu argumentieren, Argumente auszutauschen und *vernünftige* Entscheidungen zu treffen.

Doch häufig stellt sich dabei heraus, dass ganz und gar nicht vernünftig geredet und miteinander umgegangen wird, sondern hochgradig stimmungsvoll diskutiert und emotional entschieden wird. Nach Heidegger ist dies bedingt dadurch, dass das Dasein als In(-der-Welt)-Sein immer schon gestimmt *ist*. Befindlichkeit ist Teil der Sorgestruktur sowie der Erschlossenheit des Daseins und ist Thema des nächsten Abschnitts.

---

[150] Vgl. ebd., S.130.

5.4 Befindlichkeit

Mit dem In-der-Welt-sein sind drei Momente des Daseins angesprochen. Zum einen das bereits diskutierte Strukturmoment der Welt, die Weltlichkeit des Daseins. Dann das ebenfalls angesprochene *Wer* des Daseins in seiner Alltäglichkeit, also das verfallene *Man*. Und schließlich das *In-Sein* im Sinne des vertrauten Umgangs mit der Welt. Dieser vertraute Umgang des In-seins wird genauer aufgeschlüsselt durch die Existenzialien Befindlichkeit, Verstehen und Rede, von denen nun die Befindlichkeit genauer untersucht werden soll. Alle drei Weisen des In-seins erschließen dem Dasein gleichursprünglich die Welt, keine ist den anderen vorgelagert. Vor allem sind sie keine Eigenschaften des Daseins, die vorhanden sein können oder auch nicht. Dasein - *solange* es ist - *ist* immer schon befindlich-verstehend und kann dies in der Rede artikulieren.[151]

Bezüglich der Befindlichkeit definiert Heidegger: „*Die Befindlichkeit erschließt das Dasein in seiner Geworfenheit und zunächst und zumeist in der Weise der ausweichenden Abkehr.*"[152] Mit dem Begriff der Geworfenheit meint Heidegger den Lastcharakter des Daseins, *dass es ist und zu sein hat*. Es gibt keinen Grund der eigenen Existenz, der Mensch findet sich immer schon in gegebenen Umständen vor, er ist sich faktisch überantwortet und muss damit zurechtkommen. Und mit dieser Geworfenheit ist immer auch eine gewisse ontische Stimmung verbunden, die je verschieden ausfallen kann. Je nach Situation *ist* Dasein entsprechend freudig, traurig, optimistisch, unsicher, wütend usw. *gestimmt*.

Auch die alltäglich bekannte *fahle Ungestimmtheit* ist Ausdruck der grundsätzlichen Befindlichkeit des In-der-Welt-seins. Aufgrund des Lastcharakters, der in vielen Stimmungen zum Ausdruck kommt, versucht das Dasein sich von diesen Stimmungen abzukehren, indem es sich in der Betriebsamkeit der Welt mit innerweltlich Seiendem zerstreut. Doch: „Die Stimmung überfällt. Sie kommt weder von ‚Außen' noch von ‚Innen', sondern steigt als Weise des In-der-Welt-seins aus diesem Selbst auf."[153] Stimmungen können also nicht kontrolliert, sondern höchstens verdrängt werden und das Dasein in beliebigen Situationen überfallen. Entscheidend an der Befindlichkeit ist ihr sog. *Erschließungscharakter*. Erst die

---

[151] Vgl., ebd., S.131.
[152] Ebd., S.136.
[153] Ebd., S.136.

Stimmung *„macht ein Sichrichten auf...allererst möglich."*[154] Erst die Stimmungen ermöglichen es, dass überhaupt etwas wahrgenommen wird, dass sich die Aufmerksamkeit auf etwas richtet. Ausgehend von einem weltlosen Subjekt, dem lediglich Sinnesdaten gegeben sind, wird nicht klar, *warum* etwas wahrgenommen wird und von Bedeutung für das Subjekt sein soll. Die Befindlichkeit macht das Dasein erst *weltoffen*! Heidegger kehrt also die wissenschaftliche Argumentation um: Nicht physiologische Zustände oder Sinnesdaten provozieren irgendwelche Stimmungen, sondern Stimmungen ermöglichen das Entdecken und Erfahren von etwas als etwas.

Eine Veranschaulichung erfährt diese Herangehensweise anhand der Furcht als Modus der Befindlichkeit. Subjekttheoretisch müsste das Übel erst in seiner Bedrohlichkeit festgestellt werden, bevor man sich dann fürchten kann. Für Heidegger hat das Fürchten jeweils „die Welt schon daraufhin erschlossen, daß aus ihr so etwas wie Furchtbares nahen kann"[155] bzw. weil das Dasein furchtsam *ist*, kann es sich vor innerweltlich begegnendem Seienden fürchten. Fundiert ist das Fürchten dadurch, dass Dasein sich in der Furcht um sich selbst fürchtet, d.h. um sich selbst in Sorge ist. „Nur Seiendes, dem es in seinem Sein um dieses selbst geht, kann sich fürchten."[156]

Grundlegender noch als die Furcht ist die Angst als elementare Befindlichkeit. Denn die Angst bezieht sich nicht auf etwas Konkretes, d.h. sie ist unbestimmt und kommt aus dem In-der-Welt-sein als solchem. Die Angst macht unheimlich und zerstört das *Zuhause-sein* der Alltäglichkeit. Auch hier kehrt Heidegger das wissenschaftliche Argumentationsmuster um: „Physiologische Auslösung von Angst ist nur möglich, weil das Dasein im Grunde seines Seins sich ängstet."[157] Die Wissenschaft macht damit den Fehler, aus der zunächst festgestellten Vorhandenheit physiologischer Prozesse auf deren Ursprünglichkeit zu schließen, obwohl phänomenologisch zuerst die Angst gegeben sein muss. Die Angst wiederum indiziert die angesprochene Sorge als grundlegende Struktur des Daseins.

Die Rede als Teil des In-Seins ist nicht etwas, das zur Befindlichkeit hinzukommt, sondern gleichursprünglich gegeben ist. Bereits ein zorniger Gesichtsausdruck

---

[154] Ebd., S.137.
[155] Ebd., S.141.
[156] Ebd., S.141.
[157] Ebd., S.190.

wäre für Heidegger Ausdruck der Rede, der dann eventuell auch sprachlich in Form von Worten ausgedrückt werden kann. Der Mensch hat also nicht nur die Eigenschaft der Sprache als besondere Beigabe, sondern ist befindlich-redend. Nur weil das Dasein die Dinge der Welt angehen, weil es von ihnen betroffen ist, kann es reden und davon sprechen. Damit wird unmittelbar der andersgeartete Ansatz Heideggers ersichtlich im Vergleich zur etablierten wissenschaftlichen Theorie. Ein Computer mag Sprache beherrschen, formal sinnvolle Gedichte anfertigen oder Konzerte spielen können, vielleicht sogar einmal den Turing-Test bestehen. Solange damit keine Stimmung verbunden ist, *kann* es keine Maschine im Sinne des existierenden Daseins geben. Diesen entscheidenden Unterschied übersieht auch der Transhumanismus, wie im nächsten Abschnitt zu verdeutlichen ist.

5.5 Heidegger und der Transhumanismus – Teil 5

Die Befindlichkeit als Teil der ontologischen Struktur des Daseins verdeutlicht in charakteristischer Weise den grundsätzlich verschiedenen Ansatz Heideggers im Vergleich zur wissenschaftlichen Theorie und zum Transhumanismus. Der Mensch ist nicht nur ein Tier mit der Eigenschaft der Rede, sondern muss von Anfang an deutlich mehr *sein*, damit dessen *Wesen* richtig verstanden werden kann. Als Dasein ist der Mensch von Geburt an gestimmt; nur dadurch ergibt sich die Bedeutsamkeit der Umwelt und kann Welt begegnen. Im Gegensatz dazu erscheinen Stimmungen im Transhumanismus als beliebig manipulierbar. Vor allem negative Gefühle sollen möglichst beseitigt und durch angenehmere ersetzt werden. Trauer, Langeweile, Sorge, Depressionen, Angstzustände u.a. sollen mit Hilfe pharmakologischer, kybernetischer und gentechnischer Mittel ausgeschaltet werden. Wissenschaftliche Experimente dahingehend werden an Patienten bereits durchgeführt: Mit einem implantierten Chip im Gehirn können einzelne Stimmungen unterdrückt oder gefördert werden, pharmazeutische Mittel ermöglichen eine Stimmungsaufhellung bei Depressionen, in der Regel mit gravierenden Auswirkungen auf die Persönlichkeitsstruktur des Patienten. Inwieweit sich derartige Techniken auch jenseits von Krankheitsfällen etablieren lassen, wird die Zukunft zeigen. Bei erfolgreicher Behandlung wird zu vermuten sein, dass ein breiter Teil der Bevölkerung derartige Mittel nutzen wird, um die Last des Daseins zu erleichtern. Aus der Perspektive von Heideggers Daseinsanalytik würde dem eine Flucht vor der Unheimlichkeit des In-der-Welt-seins entsprechen, eine Flucht in das *Man* der verbesserten, glücklichen, betriebsamen Welt. Doch damit geht ein entscheidender Verlust einher, nämlich die Fähigkeit sich selbst auf seine eigenen Möglichkeiten zu entwerfen. Gerade die Grundbefindlichkeit der negativ besetzten Angst bringt das Dasein aus der gesellschaftlichen Verfallenheit zurück auf den Entwurf eigener Möglichkeiten. Nur so ist ein eigentliches *Verstehen* möglich. „Verstehend *ist* das Dasein je, wie es sein kann."[158]

Das Verstehen als weiteres Existenzial des Daseins besteht im gestimmten Entwurf von Möglichkeiten, im Seinkönnen. „Das uneigentliche *Verstehen* entwirft sich auf das Besorgbare, Tunliche, Dringliche, Unumgängliche der Geschäfte der alltäglichen Beschäftigung."[159] Der heute gängige Alltag besteht aus einem weitgehend reibungslosen Funktionieren seiner menschlichen Bestandteile. *Man* muss seine Leistung bringen, *man* muss beruflich wie privat motiviert und gut gelaunt *sein*, etc. Technische Möglichkeiten zur Leistungssteigerung und Stimmungsverbesserung kommen da gerade recht und greifen die Bedürfnisse des *Man* auf. Technisch wird damit das *Man* gewissermaßen verstärkt, indem der Prozess des Verfallens technologisch festgeschrieben wird. Eine Rückkehr zu einer eigentlichen Seinsweise, das *Freisein für die eigene Möglichkeit* wird damit erschwert.

Als Grundbefindlichkeit kann die Angst des Daseins jedoch nie ganz verschwinden. Die beste Absicherung durch materielle Vorsorge, medizinische Vorbeugung oder vorsichtiges Verhalten wird die Angst nicht vertreiben können. Sogar der geplante Upload des Bewusstseins bei einzelnen transhumanistischen Szenarien - mit samt allen Sicherungskopien - ist immer noch der Gefahr ausgesetzt von allen Festplatten gelöscht zu werden!

In der philosophischen Tradition der Neuzeit - als Grundlage der modernen Wissenschaft – wird das Phänomen der Befindlichkeit nicht ausreichend gewürdigt und das Subjekt als zu voraussetzungslos angesetzt. Aufgrund der untrennbaren, komplementären Verbindung von Befindlichkeit und Verstehen, muss auch das Verstehen als bloßes Erklären und beliebige Erkenntnisart missverstanden werden. Heidegger veranschaulicht dies anhand der logischen Struktur der Aussage, die Seiendes nur im Sinne von Vorhandenheit aufzeigen kann, jedoch nicht das Sein des Seienden zur Sprache bringt. In Verbindung damit ist auch das traditionelle Verständnis von Wahrheit als Aussagewahrheit defizitär. Bereits in *Sein und Zeit* zeigt sich also das Wahrheitsverständnis des späten Heideggers im

---

[158] Ebd., S.336.
[159] Ebd., S.337.

Sinne der Unverborgenheit, des Entdeckt-seins von Seiendem. Die Aussage als Übereinstimmung der Erkenntnis mit ihrem Gegenstand wird auf diese Weise zu einem Spezialfall des wahr-seins.

> Nicht die Aussage ist der primäre ‚Ort' der Wahrheit, sondern umgekehrt, die Aussage als Aneignungsmodus der Entdecktheit und als Weise des In-der-Welt-seins gründet im Entdecken, bzw. der Erschlossenheit des Daseins.[160]

Das Fundament der Entdecktheit von innerweltlich Seiendem liegt damit in der Erschlossenheit der Welt als *Grundart des Daseins*, die durch Befindlichkeit, das Verstehen (auf Möglichkeiten) und deren Artikulation durch die Rede gleichursprünglich konstituiert ist. Die Thematisierung des Seienden in den einzelnen Wissenschaften hat das In-der-Welt-sein zur Voraussetzung. Bereits in *Sein und Zeit* greift Heidegger in diesem Zusammenhang auf die Lichtungsmetaphorik seiner späteren Technikphilosophie zurück: Dasein ist „an ihm selbst als In-der-Welt-sein gelichtet, nicht durch ein anderes Seiendes, sondern so, daß es selbst die Lichtung ist."[161] In dieser Lichtung entsteht erst die Möglichkeit etwas wahr-zunehmen und zu entdecken. Verständlich wird die Lichtung aus der Seinsverfassung der Sorge, die das Dasein offen macht für jedes *Sehen* und *Haben* von etwas, überhaupt für jede Erhellung.[162]

Die Naturwissenschaft würde an dieser Stelle empirische Belege für eine derartige Lichtung fordern, die es jedoch nicht geben kann, weil sie deren Voraussetzung ist! Ohne Wahrheit im Sinne der Unverborgenheit kann überhaupt nichts Gegenstand von Belegen und Beweisen werden. Dass etwas „entdeckt ist, steht nicht im Belieben des Daseins. Nur *was* es jeweils, in *welcher* Richtung, *wie weit* und *wie es* entdeckt und erschließt, ist Sache seiner Freiheit".[163] Die Naturwissenschaft mit ihrer materialistisch-mathematischen Grundlage ist *ein* Weg sich der Welt zu stellen, der jedoch das In-der-Welt-sein voraussetzt. Innerhalb dieser Voraussetzung wird z.B. in der mathematischen Physik ein entsprechender Entwurf angesetzt, von dem aus Tatsachen als solche erst sichtbar werden. Der Entwurf bestimmt, was gesichtet wird! Jenseits dessen bleiben Phänomene unsichtbar.[164] Mindestens alle Naturwissenschaften müssen in dieser Art vorgehen

---

[160] Ebd., S.226.
[161] Ebd., S.133.
[162] Vgl., ebd., S.350 f..
[163] Ebd., S.366.
[164] Vgl., ebd., S.362.

und eine eigene Ontologie entwerfen, von der aus innerweltlich Seiendes erklärt wird. Dieses wird nach gegebenen Voraussetzungen erklärt, das Weltphänomen an sich - dass Welt *ist*, die Weltlichkeit - wird aber vorausgesetzt. Daraus wird wiederum die Problematik des Transhumanismus ersichtlich, die den Menschen auf seine materiell in einem Raumpunkt vorhandene Seinsweise reduziert und die Existenzialität sowie die Weltlichkeit seines Daseins ignoriert. Der transhumane Mensch ist damit nicht existenzial gedacht, sondern im Sinne eines Objekts, dessen Entwicklung in die ferne Zukunft extrapoliert wird, vergleichbar einer Maschine, deren Eigenschaften schrittweise verbessert werden.

Doch Dasein muss nicht in der wissenschaftlichen Weltvorstellung gefangen bleiben, sondern kann sich als Sein zum Tode jederzeit neu und eigentlich auf andere Seinsweisen hin entwerfen. Eine humane Zukunft im Sinne des *Da-seins* ist möglich!

5.6 Sein zum Tode

> Der Tod als Ende des Daseins ist die eigenste, unbezügliche, gewisse und als solche unbestimmte, unüberholbare Möglichkeit des Daseins. Der Tod ist als Ende des Daseins im Sein dieses Seienden zu seinem Ende.[165]

Der Tod soll nicht einfach das Aufhören eines Vorhandenen bedeuten, wie etwa das Ende einer zerbrochenen Vase, oder das Enden im Sinne des Fertigwerdens, z.B. die Fertigstellung eines Hauses. Es geht nicht um den Tod als Ende des Lebens oder als *Ableben*. Der Tod wird als Möglichkeit gesehen, als Weise des Da-seins, sobald und solange es *ist*. Im eigentlichen Sinne geht es daher nicht um den Tod als Ereignis, sondern um die Sterblichkeit des Menschen.[166] Dasein verhält sich zum Tod im Sinne eines zum-Ende-seins, weil der Tod im Grunde bereits mit der Geburt bevorsteht und übernommen werden muss. Dieses Sein-zum-Ende ist keine Einstellung, die man haben kann oder nicht, sondern Ausdruck der grundlegenden Geworfenheit und Faktizität des Daseins, *dass es ist und zu sein hat*. Der Mensch hat sich gewissermaßen sein Leben nicht ausgesucht und findet sich immer schon in einer bestimmten (Um-)Welt vor.

---

[165] Ebd., S.258 f..
[166] Vgl. Hügli, A., Byung-Chul Han, S.138.

Die Geworfenheit enthüllt sich in der Grundbefindlichkeit der Angst, welche die Unheimlichkeit des In-der-Welt-seins ausdrückt. Der Tod bringt dies am schärfsten zum Ausdruck. Doch zumeist flieht das Dasein den Tod, der durch das Gerede des Man in der Zweideutigkeit aufgelöst wird. *„Das Man läßt den Mut zur Angst vor dem Tod nicht aufkommen."*[167] Die Angst vor dem Tod wird als Schwäche ausgelegt, bereits das Denken daran gilt als feige. *Man* tut so, als ob die Möglichkeit des Todes überholt werden könnte und verliert sich in *andrängenden Möglichkeiten*. Der Mensch versucht sich zu zerstreuen, damit Ängste und Daseinsfragen nicht aufkommen können. Als Beispiel könnte der tägliche Fernsehkonsum oder das allgegenwärtige Radiohören betrachtet werden.

Nur im *Vorlaufen* zum Tod befreit sich das Dasein aus der Verfallenheit an die Welt und ergreift die *eigenste* und *unüberholbare* Möglichkeit „als *ganzes Seinkönnen* zu existieren."[168] Das innerweltlich Seiende und dessen Bezüge verlieren im *Vorlaufen zum Tod* seine Bedeutung, der Tod ist *unbezüglich*. Das Vorlaufen zum Tod ist dabei nicht einfach nur der miterlebte Tod Anderer, sondern die absolute Bewusstwerdung der Tatsache, dass das Dasein sterben *muss* und dies nicht verhindern kann. Angesichts dessen verlieren alle Belange des alltäglichen Lebens ihre Wichtigkeit und Bedeutung, vergleichbar der Situation eines Patienten, dem die Diagnose einer unheilbaren Krankheit mit der Folge des nahen Todes mitgeteilt wird.

Zwar ist der Tod zeitlich *unbestimmt*, jedoch nicht nur eine bloße Wahrscheinlichkeit, sondern ursprünglicher *gewiss* „als jede Gewißheit bezüglich eines innerweltlich begegnenden Seienden"[169]. Wie des Öfteren postuliert Heidegger diesen Zusammenhang mehr als er ihn wirklich zeigt. Andererseits drängt sich bereits im Miterleben des Todes Anderer, wie etwa bei Beerdigungen, die unabänderliche Faktizität der eigenen Endlichkeit auf. Doch damit ist nicht nur etwas Negatives verbunden. Denn diese ursprüngliche Gewissheit des Todes stellt letzten Endes auch eine Gewissheit des Daseins[170] und der Welt dar, die der Beweisbedürftigkeit der Außenwelt in der Subjektphilosophie fehlt.

---

[167] Heidegger, M., *Sein und Zeit*, S.254.
[168] Ebd., S.264.
[169] Ebd., S.265.
[170] Vgl. ebd., S.256.

Solange Dasein jedoch mit dem zu Besorgenden *beschäftigt* ist und kein eigentliches Verhältnis zum Tod ausbildet, steht immer noch etwas aus, ist immer noch etwas zu tun. Erst die Angst enthüllt den wahren Charakter des Todes als Sein zum Ende, welches die Ganzheit des Daseins als Sorge erschließt. „Das Dasein *ist* nicht erst zusammen, wenn sein Noch-nicht sich aufgefüllt hat [...]. Das Dasein existiert schon immer gerade so, dass zu ihm sein Noch-nicht *gehört*."[171] Die Endlichkeit gehört wesentlich zum Dasein des Menschen und beeinflusst immer schon die gegenwärtige Situation, auch und gerade im Modus des verfallenden Verdrängens des eigenen Todes. Der Tod ist kein Ereignis, das man am Ende erlebt, sondern er bestimmt zu jedem Zeitpunkt die Existenz des Menschen.

Aus der Klarwerdung des getrübten Verstehens der eigenen Endlichkeit ergibt sich eine neue Sicht in-der-Welt. Denn im wahren, unverborgenen Angesicht des Todes versteht sich Dasein als grundlos in die Welt geworfen und verfallen an die Öffentlichkeit vor die Möglichkeit gebracht, *„es selbst zu sein, selbst aber in der leidenschaftlichen, von den Illusionen des Man gelösten, faktischen, ihrer selbst gewissen und sich ängstenden F r e i h e i t z u m T o d e."*[172] Diese Freiheit meint nicht die potenzielle Selbsttötung. Sie bezieht sich auf die Möglichkeit, eigene Entwürfe zu verfolgen, die nicht durch die andrängenden Besorgungen und gesellschaftlichen Normen vorgefertigt sind. Diese Entwürfe sind gerade nicht vorgefertigt und damit gegensätzlich zu den transhumanistischen Zukunftsszenarien.

5.7 Heidegger und der Transhumanismus – Teil 6

Vor allem der Tod beschäftigt den Transhumanismus auf unterschiedliche Art und Weise und spielt eine - vielleicht sogar *die* zentrale - Rolle. In erster Linie geht es darum, den Tod hinauszuschieben, indem man die Lebensspanne soweit wie möglich verlängert. Die Fortschritte in unterschiedlichen Bereichen wie Medizin, Gesundheitsvorsorge und Ernährung haben das durchschnittliche Alter bereits um viele Jahre erhöht und man erhofft sich durch weiteren technologischen Fortschritt eine entsprechende Fortsetzung dieser Entwicklung. A. De Grey ist der führende Transhumanist im Kampf gegen den Alterungsprozess, den er als behandelbare Krankheit betrachtet und mit biochemischen Mitteln verlangsamen und schließlich überwinden möchte. Er geht davon aus, dass die wissenschaftlichen Grundlagen

---

[171] Ebd., S.243.
[172] Ebd., S.266.

dafür bereits vorhanden sind und nur die praktische Umsetzung fehlt. Auch die Vertreter einer gentechnischen Optimierung versuchen die dem Altern zurechenbaren Gene zu entschlüsseln und den Alterungsprozess durch gezielte Änderung dieser Gene aufzuhalten und schlussendlich zu beseitigen. Weniger biologisch, aber nicht minder technisch, denken Computerwissenschaftler den Menschen als Software mit defizitärer Hardware bzw. Wetware und versuchen nicht erst das Altern, sondern gleich den Tod durch einen Mind Upload zu umgehen. Mit einem Scan wird der Geist des Menschen auf ein dauerhafteres Substrat übertragen, als es der biologische Körper ist, und kann dann durch Sicherheitskopien prinzipiell unsterblich gemacht werden. Für den Fall, dass die Technologien nicht in der eigenen Lebenszeit verfügbar gemacht werden können, besteht die Option einer kryonischen Konservierung des toten Körpers, um diesen in der technologisch höher entwickelten Zukunft wiederzubeleben.

Der Tod ist also im Grunde in allen transhumanistischen Szenarien ein mehr oder weniger offensichtliches Thema, dem dadurch begegnet wird, dass man es zu beseitigen versucht. Unabhängig von der technischen Machbarkeit wäre für Heidegger diese Art der Auseinandersetzung mit dem Tod Ausdruck der Flucht davor. *Man* stellt sich dem Tod, indem *man* ihm ausweicht und als möglichst bald zu beseitigendes Übel betrachtet. Ein Transhumanist würde darauf antworten, dass gerade er es ist, der sich dem Tod eigentlich stellt und nicht nur verdrängt in der Hoffnung, dass es erstmal die Anderen trifft. Die technische Überwindung des Todes ist jedoch keine *eigentliche* Auseinandersetzung mit der je eigenen Endlichkeit, die nicht zu umgehen ist. Doch zunächst einmal ist klarzustellen, dass aus Heideggers Philosophie nicht zu schlussfolgern ist, dass der Tod ein an sich positives Ereignis wäre und lebensverlängernde Maßnahmen abzulehnen sind. Zwar hat in der Folge des ersten Weltkrieges der Kontext der 1920er Jahre mit seiner Faszination für das Phänomen des Todes eine wichtige Rolle bei Heideggers Entwurf gespielt.[173] Das ändert jedoch nichts an der Tatsache, dass der Tod bereits während des Daseins eine wesentliche Bedeutung hat. *Gerade* der Wunsch nach einer Lebensverlängerung drückt dies auf charakteristische Weise aus. Heidegger kommt es gar nicht auf die Länge des Lebens an, sei diese nun kurz oder lang. Überhaupt ist der Mensch nicht nur biologisches Leben, das irgendwann ab-lebt und stirbt. Der Mensch als Dasein steht in einem Verhältnis zum Tod, von Anfang an. Eine sehr stark verlängerte Lebensspanne ändert daran grundsätzlich nichts.

---

[173] Vgl. Gumbrecht, H.U., S.98 ff..

Der Tod steht immer noch aus und lastet auf dem Leben, selbst wenn er weit in der Zukunft liegt. Doch wie sieht es aus mit der theoretischen Unsterblichkeit? Würde die Gewissheit des Todes bei Heidegger damit nicht hinfällig?

Eine Antwort darauf muss folgendes bedenken. Erstens scheint die technische Realisierung noch weit entfernt, wenn überhaupt möglich. Zweitens bleibt immer die Möglichkeit eines unvorhergesehenen Todes durch widrige Umstände. Gerade die Fortsetzung und Zementierung von Machtansprüchen lang lebender Personen würde kriegerische Auseinandersetzungen wahrscheinlich werden lassen.[174] Drittens entsteht die entscheidende Frage, was vom Dasein des Menschen übrigbleibt, wenn er unsterblich wird. Ph. von Becker etwa stellt die Vermutung auf, dass der Tod die Voraussetzung für die Entwicklung von Leben und Kultur sein könnte und Bewusstsein erst durch einen sterblichen und empfindsamen Körper entsteht. Der Transhumanismus mag dann sein Ziel des posthumanen Wesens erreicht haben, vielleicht aber mit dem Preis eines zwar omnipotenten, aber entweltlichten und vor allem zeitlosen Objekt-seins. Die Problematik des weltlosen Subjekts wurde bereits ausführlich diskutiert, entscheidender vielleicht sogar noch ist der Verlust der Zeitlichkeit. Heidegger hat diesen Aspekt in seinem fragmentarisch gebliebenen Hauptwerk nicht mehr vollständig ausgearbeitet. Im vorhandenen Teil ergibt sich aber bereits die Zeitlichkeit als der transzendentale Horizont eines jeden Seinsverständnisses und des sorgenden In-der-Welt-seins überhaupt: Sein *ist* Zeit, Da-sein *ist* zeitlich. Ein Transhumanismus mit dem Ziel der Unsterblichkeit nivelliert die Zeit auf die Gegenwart. Zukunft und Vergangenheit haben keine existenzielle Bedeutung, sondern sind nur vergangene und zukünftige Jetzt-Momente. „Um seine intime, radikale Zeitlichkeit zu verdrängen, vergegenständlicht das Dasein eine Zeit, die sich ewig fortsetzt. Aber so eine Zeit ist ja keine Zeit mehr, sondern nahezu ihr Gegenteil."[175] Alles wird gleichbedeutend und *kann* jederzeit umgesetzt werden. Doch ohne Tod, ohne Endlichkeit ist kein Entschluss mehr für oder gegen etwas notwendig, das Dasein verliert sich in unendlichen Möglichkeiten und bleibt für immer unabgeschlossen, ohne Ganzheit. Das ewige Leben ist schlussendlich weniger wünschenswert als anfänglich gedacht, vielleicht sogar unerträglich.

---

[174] Vgl., Von Becker, Ph., S.54.
[175] Grondin, J., S.17.

6 Zusammenfassung der Ergebnisse

> Der Mensch ist nicht der Herr des Seienden.
> Der Mensch ist der Hirt des Seins.[176]

„Kann man Heidegger verstehen?"[177] titelt M. Günther in einer Rekonstruktion von *Sein und Zeit* und spricht damit ein permanentes Problem von Heideggers Denken an. Seine Philosophie geht ständig am Abgrund dessen, was gegenwärtig überhaupt noch verstehbar ist. Aber gerade darin liegt das erklärte Ziel: Nicht das Seiende wie bisher soll Gegenstand des Denkens sein, sondern das Sein ist es, das wieder *hör*bar gemacht werden soll. Doch was, oder besser *wie* ist das Sein? - Das moderne Denken mit seiner wissenschaftlichen Ausrichtung versagt die Antwort, indem sie die Frage als unsinnig verwirft. Gerade daran setzt jedoch Heideggers Kritik an, indem er darauf verweist, dass auch die Wissenschaft metaphysisch fundiert ist und eine existenzielle Verhaltung des Menschen darstellt. Die Wissenschaft ist *eine* Seinsweise des Menschen, aber nicht die seinem eigentlichen Wesen entsprechende. Doch was ist das eigentliche Sein des Menschen? Was heißt *Da-sein*?

Heidegger selbst hat keine endgültige Antwort gegeben. Vielleicht auch weil es keine Antwort geben kann, die nicht zwangsläufig in den Bereich des Gegenständlichen und Vorhandenen zurücksinken würde. Es bleibt nur das Denken des Seins jeweils neu zu lernen und zu erkennen, dass wir noch nicht denken, dass wir noch nicht eigentlich *sind*. Wenn dieses Denken jedoch nicht definierbar ist, wie soll es dann erkannt werden? Ein möglicher Weg oder ein Ansatz besteht eventuell darin, zumindest die Defizite des bisherigen Denkens aufzuzeigen. Der Transhumanismus als überzogener Auswuchs der modernen (Natur-)Wissenschaft eignet sich ausgezeichnet, um die fragwürdigen und unsinnigen Konsequenzen wissenschaftlichen Denkens aufzuzeigen.

Allem voran geht der Absolutheitsanspruch der technischen Wissenschaft, alles bis an die äußersten Grenzen nach menschlichem Willen umgestalten zu können: Der Mensch als Herr des (seienden) Universums. Dabei wird übersehen, dass der Mensch nicht außerhalb der Entwicklung steht, die er zu gestalten versucht, sondern Teil von ihr ist. Das neuzeitliche Verständnis des Menschen als eines

---

[176] Heidegger, M., *Über den Humanismus*, S.19.
[177] Günther, M., *Kann man Heidegger verstehen?*.

autonomen, abgehobenen Subjekts ist einseitig formuliert.[178] Die Technik ist nur im Einzelfall ein Mittel und insgesamt betrachtet eine Notwendigkeit bzw. ein übergeordnetes Geschehen, dem der Mensch unterliegt und von dem er herausgefordert wird. Die Herausforderung wird nicht erkannt, der Mensch treibt sein wissenschaftliches Entdecken auf die Spitze, indem er sich selbst zum transhumanistischen Objekt der zukünftigen Berechnung macht. Dabei kommt es kaum mehr auf das *Wie* einer Handlung an, nur noch das *Was* bestimmt die Richtung. So definiert der Transhumanismus in seinem Entwurf feste Ziele für den zukünftigen Menschen und legt damit bereits von Anfang an reduktiv fest, was er nachher sein soll. Die angestrebte, aber aufgesetzt wirkende Glückseligkeit der zukünftigen Menschheit mag ein idealistisches Ziel sein, braucht jedoch immer schon eine Vorstellung - eben eine Idee - davon, was Glück ist. Glück lässt sich aber gerade nicht *berechnen*, kann nicht *gemacht* werden und obliegt dem Vollbringen des jeweiligen Da-seins in seiner Freiheit. Deswegen ist der Definition des Menschen als *animal rationale* eine Absage zu erteilen, wenn sie über ihren beschränkten, anthropologischen Gültigkeitsbereich hinaus Verwendung findet. Der Mensch ist nach Heidegger aber derjenige, dem überhaupt erst die Möglichkeit gegeben ist, etwas *wahr*-zunehmen und zu entdecken. Und als solcher ist er frei, *was* in welcher Weise *wie* erschlossen wird. Dies *kann* wissenschaftlich geschehen, *muss* aber nicht. Die Gefahr einer transhumanistischen Entwicklung liegt in der Festlegung vorgefertigter Möglichkeiten und der Einengung von Entscheidungsfreiheit. Das *freie Seinkönnen*, d.h. seine Existenz, macht den Menschen jedoch zu dem Besonderen, das er *ist*. Eine materialistische Betrachtungsweise des Menschen als Ansammlung von Atomen verkennt sein Wesen und verläuft sich in substanzieller Vorhandenheit. Mensch und Welt werden auf Naturdinglichkeit verengt und verlieren ihre *Bedeutsamkeit*. Warum sollte sich der Mensch als bloß vorhandene Materie für etwas begeistern, vor etwas fürchten, etwas lieben und hassen? Der Transhumanismus mag dem Menschen die Sorge und die Last des Daseins abnehmen, jedoch nimmt er ihm damit auch die Wahl seiner eigentlichen Möglichkeiten, die *Freiheit* seiner Entscheidung.

In dem Bild Heideggers wäre vielleicht davon zu sprechen, dass die Lichtung des Seins im Menschen zum Verschwinden gebracht wird. Wenn der Mensch durch einen Abgrund vom Tier getrennt ist und durch einen Sprung zu dem wurde, was er *ist*, so muss auch die umgekehrte Entwicklung denkbar sein, dass sich der

---

[178] Vgl., Demmerling, Ch., S.114.

Mensch endgültig vom Sein abwendet, indem er nur noch mit dem Seienden beschäftigt ist. Der so an die Objekte verfallene Mensch würde in der zunehmenden Subjektivierung auf diese Weise seine eigene Verdammnis erfahren. Nicht die technischen Gegenstände sind es, von denen die Gefahr möglicher Vernichtung ausgeht, sondern die Einstellung des Menschen ist das eigentlich Gefährliche und wird ihm zum Verhängnis.

Das *zentrale* Ergebnis der vorliegenden Arbeit liegt daher in der Einsicht, dass der Mensch nicht *alleiniger* Taktgeber der technischen Entwicklung ist, sondern lediglich *Teil* davon. Aus dem Gebrauch einzelner technischer Mittel schließt er auf die eigene Urheberschaft. Doch mit Heidegger ist zu fragen, warum es dem Menschen überhaupt möglich ist, Technik zu gebrauchen? Was drückt sich darin aus? Eine Besinnung auf diese Fragen würde den Menschen bereits in ein neues Verhältnis zu dem bringen, was *ist*. Die weltlose Perspektive des Subjekts, in der sozusagen *von außen* die Welt in ihrer Seiendheit nach Bedarf umgestaltet wird, würde verschwinden. Die Welt würde wieder zu ihrer Weltlichkeit kommen, der Mensch würde zum *Hirt des Seins* und müsste erkennen, dass Technik nicht bis ins Letzte kalkuliert werden kann. Die transhumanistischen Szenarien sind deswegen nicht vorhersehbar. Einzeln betrachtet kann ein Mittel gebraucht werden oder nicht. In der Gesamtentwicklung jedoch *muss* es - je nach Situation - Verwendung finden. Die vorliegende Arbeit könnte auch ohne Computer geschrieben werden, jedoch um den Preis, dass sie nicht den allgemeinen Anforderungen entspricht. So verhält es sich im Grunde mit der Entwicklung aller Technologien, vom Textverarbeitungsprogramm bis hin zur gentechnischen Optimierung: Sie kann nicht mehr zurückgenommen werden. Damit ist nichts darüber gesagt, ob eine bestimmte Technik gut oder schlecht ist, es wird keine Bewertung vorgenommen. Lediglich die technische Betrachtungsweise in ihrer *Absolutheit* ist es, welche den Dingen ihre Eigenständigkeit nimmt und den Transhumanismus mit Recht zu einer gefährlichen *Idee* macht.

Literaturverzeichnis

Bostrom, Nick. *Superintelligence.* Oxford: Oxford University Press, 2016.

Demmerling, Christoph. „Hermeneutik der Alltäglichkeit." In *Martin Heidegger. Sein und Zeit,* von Thomas Rentsch (Hg.). Berlin: Akad.-Verlag, 2001.

Drexler, K. Eric. *Engines of Creation.* London: Fourth Estate, 1990.

Dreyfus, Hubert L. „In-der-Welt-sein und Weltlichkeit." In *Martin Heidegger. Sein und Zeit,* von Thomas Rentsch (Hg.). Berlin: Akad.-Verlag, 2001.

Ettinger, R. *Man into Superman.* Palo Alto: Ria University Press, 2005.

FM-2030. *Are you a transhuman?* New York, NY: Warner Books, 1989.

Fukuyama, Francis. „Transhumanism." *Foreign Policy (144),* 2004: 42-43.

Gehlen, Arnold. *Die Seele im technischen Zeitalter.* Frankfurt am Main: Klostermann, 2007.

Grondin, Jean. „Die Wiedererweckung der Seinsfrage." In *Martin Heidegger. Sein und Zeit.,* von Thomas Rentsch (Hg.). Berlin: Akad.-Verl., 2001.

Gumbrecht, Hans Ulrich. „Stichwort: Tod im Kontext. Heideggers Umgang mit einer Faszination der 1920er Jahre." In *Heidegger Handbuch,* von Dieter Thomä (Hg.). Stuttgart: Metzler, 2003.

Günther, Matthias. *Kann man Heidegger verstehen?* Regensburg: Roderer, 2007.

Harrison, Peter, und Joseph Wolyniak. „The History of 'Transhumanism'." *Notes and Queries,* 2015: 465–467.

Hauskeller, Michael. *Better humans?* London; New York: Routledge, 2014.

Heidegger, Martin. „Die Frage nach der Technik." In *Die Technik und die Kehre,* von Martin Heidegger. Stuttgart: Klett-Cotta, 2011.

Heidegger, Martin. „Die Kehre." In *Die Technik und die Kehre,* von Martin Heidegger. Stuttgart: Klett-Cotta, 2011.

Heidegger, Martin. „Die Zeit des Weltbildes." In *Holzwege,* von Martin Heidegger. Frankfurt am Main: Klostermann, 1952.

—. *Gelassenheit.* Pfullingen: Neske, 1967.

—. *Sein und Zeit.* Tübingen: Niemeyer, 2006.

—. *Über den Humanismus.* Frankfurt am Main: Klostermann, 1949.

—. *Was heißt Denken?* Tübingen: Niemeyer, 1984.

—. *Was ist Metaphysik?* Frankfurt am Main: Klostermann, 1969.

Heidegger, Martin, und Friedrich-Wilhelm von Herrmann (Hg.). „Das Ende der Philosophie und die Aufgabe des Denkens." In *Zur Sache des Denkens*, von Martin Heidegger. Frankfurt am Main: Klostermann, 2007.

Hughes, James. *Citizen Cyborg.* Cambridge, MA: Westview Press, 2004.

Hügli, A., Byung-Chul Han. „Heideggers Todesanalyse." In *Martin Heidegger. Sein und Zeit,* von Thomas Rentsch (Hg.). Berlin: Akad.-Verlag, 2001.

Humanity +. 2018. https://humanityplus.org/philosophy/philosophy-2/ (Zugriff am 19. 6 2018).

Humanity +. 2018. https://humanityplus.org/philosophy/transhumanist-declaration/ (Zugriff am 23. 6 2018).

Humanity+. 2018. https://humanityplus.org/philosophy/transhumanist-faq/ (Zugriff am 20. 6 2018).

Humanity+. 2018. https://humanityplus.org/philosophy/transhumanist-faq/ , What is a posthuman? (Zugriff am 20. 6 2018).

Humanity+. 2018. https://humanityplus.org/philosophy/transhumanist-faq/ (Zugriff am 21. 6 2018).

Huxley, Julian. *New Bottles for New Wine.* London: Chatto & Windus, 1957.

Jahraus, Oliver. *Martin Heidegger.* Stuttgart: Reclam, 2004.

Jansen, Markus. *Digitale Herrschaft.* Stuttgart: Schmetterling Stuttgart, 2015.

Köhler, Lotte, und Hans Saner. *Hannah Arendt Karl Jaspers Briefwechsel 1926-1969.* München: R. Piper, 1986.

Kopriwitza, Tschasslaw D. „Ontologie der Technik - Technik als Ontologie." In *Heidegger und die technische Welt*, von Alfred Denker (Hg.). Freiburg, München: Karl Alber, 2015.

Kurzweil, Ray. *The singularity is near.* New York; NY [u.a.]: Penguin Books, 2006.

Leis, Miriam J. S. „Transhumanismus und Gesellschaft." In *Reader zum Transhumanismus*, von Miriam J. S. Leis (Hg.). Berlin: Books on Demand, 2014.

Luckner, Andreas. *Heidegger und das Denken der Technik.* Bielefeld: transcript, 2008.

Luckner, Andreas. „Heidegger und das Denken der Technik." In *Heidegger und die technische Welt*, von Alfred Denker (Hg.). Freiburg, München: Karl Alber, 2015.

—. *Martin Heidegger: "Sein und Zeit".* Paderborn; München [u.a.]: Schöningh, 1997.

Luckner, Andreas. „Wie es ist, selbst zu sein." In *Martin Heidegger. Sein und Zeit*, von Thomas Rentsch (Hg.). Berlin: Akad.-Verlag, 2001.

Marsen, Sky. „Playing by the Rules - or Not? Constructions of Identity in a Posthuman Future." In *H±*, von G. R. Hansell und W. Grassie (Hg.). Philadelphia, PA: Metanexus Institute, 2011.

Max Planck Gesellschaft. 2018. https://www.mpg.de/11018867/crispr-cas9 (Zugriff am 23. 10 2018).

Mende, Dirk. „>>Brief über den "Humanismus"<<.Zu den Metaphern der späten Seinsphilosophie." In *Heidegger-Handbuch*, von Dieter Thomä (Hg.). Stuttgart [u.a.]: Metzler, 2003.

Moravec, Hans. *Computer übernehmen die Macht.* Hamburg: Hoffmann und Campe, 1999.

—. *Mind Children.* Cambridge (US), London: Harvard University Press, 1988.

More, Max, Vita-More, Natasha (Hg.). „Transhumanist Declaration (2012)." In *The Transhumanist Reader*, 54–55. Chichester, West Sussex, U.K: Wiley-Blackwell, 2013.

O'Connell, Mark. *Unsterblich sein.* München: Carl Hanser , 2017.

Pocai, Romano. „Die Weltlichkeit der Welt." In *Martin Heidegger. Sein und Zeit*, von Thomas Rentsch (Hg.). Berlin: Akad.-Verlag, 2001.

Regis, Ed. *Great mambo chicken and the transhuman condition.* Harmondsworth: Penguin Books, 1992.

Rosales-Rodríguez, Amán. „Die Technikdeutung Martin Heideggers in ihrer systematischen Entwicklung und philosophischen Aufnahme." Universität Dortmund: Dissertation, 1994.

Schönherr, Hans-Martin. „Heideggers Technikphilosophie als Schwäche." In *Heidegger, Technik-Ethik-Politik*, von Reinhard Margreiter, Karl Leidlmair (Hg.), 37-58. Würzburg: Königshausen und Neumann, 1991.

Seubold, Günter. *Heideggers Analyse der neuzeitlichen Technik.* Freiburg, München: Alber, 1986.

Singularity University. 2018. https://su.org/about/sponsors/ (Zugriff am 06. 11 2018).

Sorgner, Stefan Lorenz. *Transhumanismus - Die gefährlichste Idee der Welt!?* Freiburg: Herder, 2016.

Tipler, Frank J. *Die Physik der Unsterblichkeit.* München: Deutscher Taschenbuch Verlag, 1998.

Tirosh-Samuelson, Hava. „A Critical Historical Perspective on Transhumanism." In *H±*, von Gregory R. Hansell und William Grassie (Hg.). Philadelphia, PA: Metanexus Institute, 2011.

Tirosh-Samuelson, Hava. „Religion." In *Post- and Transhumanism*, von Stefan Lorenz Sorgner. Frankfurt am Main [u.a.]: Lang, 2014.

Trawny, Peter. *Martin Heidegger - Eine kritische Einführung.* Frankfurt am Main: Klostermann, 2016.

Von Becker, Philipp. *Der neue Glaube an die Unsterblichkeit.* Wien: Passagen, 2015.

Wisser, Richard, und Martin Heidegger. „Martin Heidegger im Gespräch." Von Richard Wisser (Hg.). Freiburg / München: Karl Alber, 1970.